100 jeux & activités

7 ans

pour fêter ton anniversaire !

AU HASARD

FLEURUS

1 LE BOL SUR L'ASSIETTE

MATÉRIEL

- 1 m de cordelette fine nouée par un petit nœud

BUT DU JEU

Donner à une simple ficelle les apparences les plus étonnantes.

1. Passer la ficelle devant l'annulaire, le majeur et l'index de chaque main. Tendre légèrement.

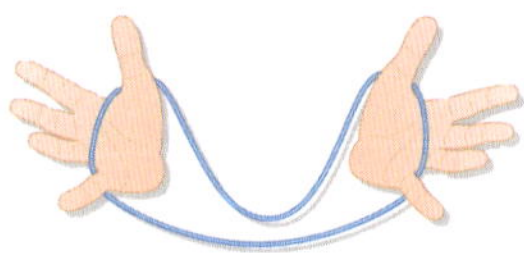

2. Passer l'index de la main droite sous la ficelle opposée. Faire la même chose avec l'index de la main gauche.

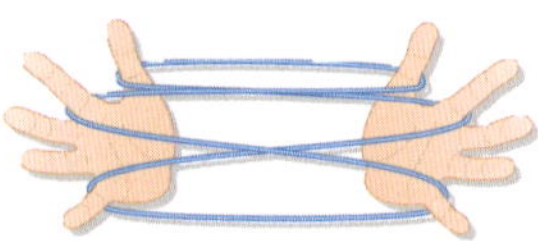

3. Faire passer les pouces sous la troisième ficelle (compter à partir de la ficelle la plus proche de soi).

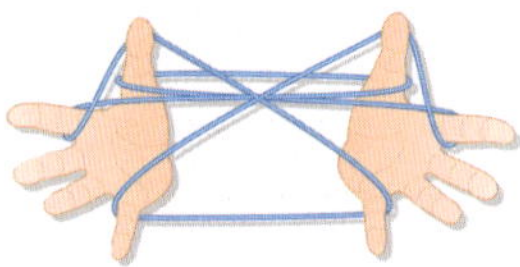

4. Faire glisser les pouces sous la première ficelle.

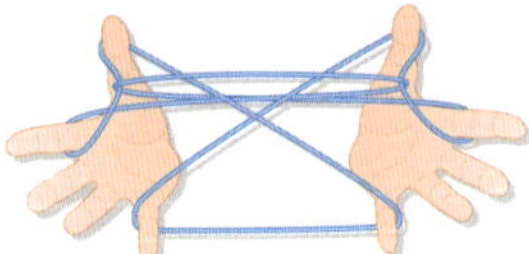

5. Lâcher la ficelle des auriculaires pour obtenir un bol.

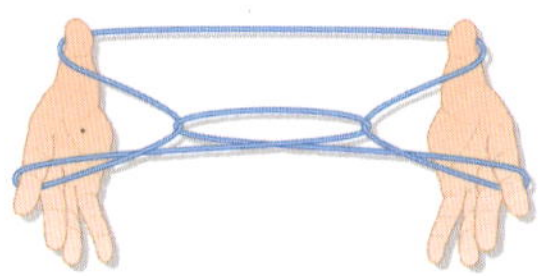

LES QUILLES LÉGÈRES

JOUEURS

2 à 6

MATÉRIEL

· 10 bouteilles vides en plastique · balle ou petit ballon

2

BUT DU JEU

Renverser le maximum de quilles en faisant rouler une balle.

1. Sur un terrain bien plat, disposer les bouteilles debout comme sur le dessin.

2. Placés sur une ligne située à 4 m des quilles, les joueurs tentent tour à tour de renverser le maximum de bouteilles avec la balle, sans la lancer, mais en la faisant rouler à terre.

3. Chaque bouteille vaut 5 points. Celui qui parvient à toutes les renverser en un seul lancer marque 60 points !

4. Celui qui atteint 80 points gagne la partie.

5. Le joueur qui a cumulé le moins de points doit, en moins de 3 minutes, remplir d'eau l'une des bouteilles à l'aide d'une petite cuillère !

3 LE CLIN D'ŒIL

JOUEURS

Nombre impair :
11 à 25

BUT DU JEU

Alerté par un clin d'œil, un joueur doit échapper à son partenaire. Réflexe et vigilance contre rapidité !

1. Chacun face à un partenaire, les bras le long du corps, les joueurs forment deux cercles concentriques. L'un d'eux reste à l'extérieur : c'est l'exclu.

2. L'exclu fait un clin d'œil discret à un joueur du cercle intérieur. La victime doit s'échapper par l'extérieur et courir derrière l'exclu tandis que son partenaire l'empêche de fuir en la retenant par la taille. Attention ! Ce dernier n'a pas le droit de bouger les pieds.

3. Si l'appelé ne parvient pas à s'échapper à temps, l'exclu peut faire un clin d'œil à un autre joueur. Aux joueurs de décider en début de partie du temps dont on dispose pour s'échapper.

4. Si l'appelé déjoue les réflexes de son partenaire et s'enfuit, le joueur resté seul échange sa place avec l'exclu.

LA DYNAMITE

JOUEURS

2 et plus

MATÉRIEL

- minuteur (ou réveil)

BUT DU JEU

Ne pas être en possession du minuteur lorsqu'il sonne, sinon BOUM !

1. Les joueurs se placent en cercle.

2. Un joueur remonte le minuteur.
« Tic-tac, tic-tac » : il passe le minuteur à son voisin, qui le passe à son voisin, et ainsi de suite, le plus vite possible.

3. Lorsque le minuteur sonne : « BOUM ! »
Celui qui l'a dans les mains est éliminé.

4. Le joueur voisin remonte le minuteur et le jeu recommence.
Le dernier joueur à rester « vivant » a gagné !

ÉNIGMES FRUITÉES

1. Quel est le fruit que détestent les poissons ?

2. Quel est le fruit dont les pépins sont à l'extérieur ?

3. Quels sont les deux fruits que l'on trouve dans toutes les maisons ?

RÉPONSES : 1. La pêche - 2. La fraise - 3. Les coings et les mûres (coins et murs).

6 LE PENDU

JOUEURS

2 et plus

MATÉRIEL

• papier • crayon

BUT DU JEU

Pour ne pas être pendu, une solution : trouver le mot !

1. Désigner parmi les joueurs le bourreau et la victime.

2. Le bourreau choisit un mot. Il écrit la première et la dernière lettre du mot sur la feuille et remplace les autres lettres par des tirets.

3. La victime propose des lettres pour tenter de reconstituer le mot… et sauver sa peau !

4. Si la lettre proposée se trouve dans le mot, le bourreau l'inscrit à la place du ou des tirets correspondants. Si elle n'y figure pas, le bourreau trace la première des dix étapes du dessin de la potence.

5. Si la victime réussit à deviner le mot avant que le dessin soit terminé, elle est sauvée.

FIZZ

JOUEURS
4 à 12

BUT DU JEU

Ce petit jeu d'attention est aussi un aide-mémoire amusant pour se souvenir des multiples du chiffre 5 !

1. Les joueurs sont assis en cercle. L'un d'eux commence à compter en disant « 1 ».

2. Son voisin de droite enchaîne avec « 2 », et ainsi de suite jusqu'au cinquième joueur, qui ne doit pas prononcer « 5 » mais « fizz ».

3. Les joueurs suivants continuent à compter. Dès qu'un joueur arrive à un multiple de 5, il doit remplacer le nombre par « fizz ».

4. Dès que l'on arrive à 55, le joueur concerné doit dire « fizz-fizz ».

5. Quand un joueur hésite trop longtemps ou qu'il se trompe, il a 1 point de pénalité.

6. Après 10 minutes de jeu, le joueur qui a le plus de points a perdu et a un gage.

VARIANTES

- Pour que le jeu soit plus spectaculaire, les joueurs peuvent se lever et se rasseoir très vite en prononçant « fizz ».
- On peut aussi décider de compter dans l'ordre décroissant, tel un compte à rebours.

8 LE JEU DU COCHON

JOUEURS

2 et plus

MATÉRIEL

· 2 dés · papier
· crayons

BUT DU JEU

Être le premier à terminer son cochon…

1. Les deux joueurs lancent les deux dés. Pour pouvoir commencer à dessiner, il faut obtenir un 9, qui correspond au corps du cochon.

2. Chaque partie de l'animal correspond à un chiffre. Les joueurs dessinent peu à peu leur cochon en fonction du chiffre obtenu aux dés.

3. Il est possible d'utiliser d'autres supports et d'autres outils que le papier et le crayon : buée sur une vitre, ardoise et craie, tableau, etc.

LE BARBU

JOUEURS

4

MATÉRIEL

- jeu de 32 cartes
- stylo · papier

BUT DU JEU

Marquer le moins de points possible.

1re manche : sus aux plis !
Il faut éviter de remporter des plis (ensemble de cartes que l'on ramasse en un coup). Le donneur distribue huit cartes à chacun. Le joueur assis à sa droite commence la partie en posant la carte de son choix, face visible, sur la table. Chacun, à tour de rôle, pose une carte de la même couleur que la première. Celui qui a posé la carte la plus forte les ramasse toutes, puis pose la carte de son choix sur la table, etc. La manche est terminée quand on n'a plus de cartes entre les mains...

2e manche : sus aux cœurs !
Cette fois, il faut éviter de remporter des cœurs. Chaque cœur vaut 5 points.

3e manche : sus aux dames !
Il ne faut pas remporter de dames. Chacune vaut 10 points !

4e manche : sus au Barbu !
Le Barbu, c'est le roi de cœur. Celui qui le remporte marque 40 points... La manche est alors terminée.

5e manche : la salade !
On mélange tout comme dans une salade : on joue en évitant de lever des plis, des cœurs, des dames et le Barbu. Sinon on marque beaucoup trop de points !

10 LE PORTRAIT

JOUEURS
3 à 10

BUT DU JEU

Cerner le personnage choisi par les autres joueurs en posant des questions de plus en plus précises.

1. L'un des joueurs sort de la pièce où se déroule le jeu.

2. Les autres participants choisissent ensemble une personne célèbre (acteur, sportif, etc.).

3. Le joueur sorti revient. En posant une question à chaque joueur qui lui fait face, il doit deviner le nom du personnage choisi. Les autres joueurs ne peuvent répondre que par « oui » ou par « non ».

11 DÉFI FOU

JOUEURS
3 à 10

BUT DU JEU

Ne pas s'emmêler dans les chiffres, sinon c'est perdu !

Compter de 50 à 0, comme pour un compte à rebours.
Pour compliquer le défi, faire démarrer les joueurs les uns après les autres, comme en canon !

LE 8 AMÉRICAIN

12

JOUEURS

2 et plus

MATÉRIEL

• jeu de 52 cartes

BUT DU JEU

Être le premier à se débarrasser de toutes ses cartes.

1. Chaque joueur reçoit huit cartes. Les cartes restantes forment la pioche.

2. On retourne la première carte de la pioche, placée au centre de la table, et on la pose à côté. À tour de rôle, chaque joueur pose dessus une de ses cartes, de la même couleur ou de la même valeur. Exemple : sur un 6 de trèfle, on peut jouer n'importe quel trèfle ou n'importe quel 6.

3. Lorsqu'un joueur ne peut pas jouer, il tire une carte dans la pioche et passe son tour. Lorsque la pioche est épuisée, on conserve la première carte du tas formé à côté (le « talon ») et on le mélange. Il devient la nouvelle pioche.

Certaines cartes changent le fonctionnement du jeu :

- « as » : le joueur suivant pioche quatre cartes ;
- « valet » : le joueur suivant passe son tour ;
- « 7 » : on change le sens du jeu ;
- « 10 » : on rejoue ;
- « 8 » : on pose par-dessus la carte que l'on veut, sans contrainte de valeur ou de couleur.

13 QUI M'A VU ?

JOUEURS

3 et plus

MATÉRIEL

• 10 objets

BUT DU JEU

Se souvenir de tout ce que l'on a vu...
Un petit effort et les détails reviennent vite !

1. Placer dix objets de formes, de couleurs et de tailles différentes, sur une table.

2. Un joueur choisi doit observer les objets très attentivement.

3. Il sort de la pièce. Pendant ce temps, les autres joueurs cachent un ou deux objets.

4. Quand le joueur sorti de la pièce revient, il doit dire quels objets ont disparu et les décrire en détail.

VARIANTE

On peut aussi bander les yeux du joueur après lui avoir demandé d'observer attentivement la pièce dans laquelle il se trouve. Il doit ensuite donner le plus de détails possible.

LE LAINEUX

JOUEURS

3 et plus

MATÉRIEL

- 40 à 60 brins de laine de 30 cm
- sifflet

BUT DU JEU

Trouver le plus grand nombre possible de brins de laine.

1. Un « Laineux », tiré au sort, s'éloigne dans le bois et accroche rapidement tous ses brins de laine sur les arbres. Il a 10 minutes pour accomplir sa mission, puis il revient au départ.

2. Tous les chasseurs partent alors à la recherche des brins de laine.

3. 15 minutes plus tard, le Laineux siffle la fin des recherches. Tous les chasseurs doivent revenir le plus vite possible au départ. Le chasseur qui n'est pas revenu dans les 5 minutes qui suivent le coup de sifflet est éliminé.

4. Un brin de laine vaut 1 point. Le chasseur qui en a récolté le plus a gagné.

5. On fait le compte de tous les brins de laine retrouvés. S'il en manque par rapport au nombre initial, tout le monde doit se mettre en quête des brins manquants… parce qu'on ne laisse rien dans la nature qui nuise à l'environnement !

6. Tout brin de laine récupéré par un chasseur (ceux retrouvés par le Laineux ne comptent pas) lui rapporte 5 points.

7. Quelques minutes plus tard, on refait les comptes : en fonction du meilleur score obtenu, on élit le Grand Chasseur de Laine.

8. S'il manque encore des brins de laine, le Laineux a autant de gages que de brins non retrouvés !

15 LES ZANIMAUX

JOUEURS

2 et plus

MATÉRIEL

• jeu de 52 cartes

BUT DU JEU

Gagner toutes les cartes grâce aux animaux !

1. Chaque joueur s'attribue un nom d'animal. Essayer de bien retenir les noms : c'est la clé du succès !

2. Distribuer les cartes en nombre égal à chaque joueur. Placer celles qui restent en tas, au centre de la table, face visible. Chaque joueur tient son paquet dans sa main devant lui, face cachée.

3. À tour de rôle, chaque joueur retourne la carte située au sommet de son paquet et la pose sur le tas, au centre de la table.

4. Lorsque deux cartes de même valeur sont posées l'une sur l'autre, celui qui crie le premier le nom d'animal du joueur qui vient de poser sa carte remporte le tas de cartes ! Évidemment, s'il se trompe de nom, il a un gage.

LA PASSE À DIX

16

JOUEURS

Nombre pair :
10 et plus

MATÉRIEL

- ballon

BUT DU JEU

Passer le ballon à tous les membres de son équipe sans se le faire voler.

1. Former deux équipes dont les membres se placent au minimum à 2 m les uns des autres.

2. Lancer le ballon en l'air. Le joueur qui l'attrape dit « 1 » et l'envoie à un coéquipier, qui le reçoit en criant « 2 », puis le passe à un autre joueur de son camp, « 3 », etc.

3. Si l'équipe adverse intercepte le ballon, elle se met à compter à son tour.

4. Si le ballon tombe à terre, il est remis à l'équipe adverse, qui compte à son tour (ramasser le ballon à terre vaut zéro).

5. L'équipe qui réussit à faire dix passes sans que le ballon soit intercepté a gagné.

17

RELAIS BONDISSANT

JOUEURS

Nombre pair : 8 à 20 + 1 meneur

MATÉRIEL

· pierres ou brindilles

BUT DU JEU

Atteindre la ligne d'arrivée en faisant le moins de bonds possible.

1. Élire un arbitre et former des équipes. Celles-ci se placent en file indienne. On détermine un long parcours.

2. Au signal, le premier de chaque équipe saute à pieds joints le plus loin possible. L'arbitre pose une pierre ou une brindille pour marquer le point de réception du sauteur.

3. Son coéquipier devra sauter à partir de cet endroit, et ainsi de suite jusqu'au but.

4. L'équipe qui a fait le moins de sauts jusqu'à la ligne d'arrivée a gagné.

VARIANTES

- Les joueurs bondissent sur un seul pied.
- Les joueurs ont droit à plusieurs bonds successifs.
- Les joueurs sautent les jambes écartées et les mains sur la tête.
- Les joueurs sautent à reculons.

LE MENTEUR

JOUEURS

2 à 6

MATÉRIEL

- jeu de 52 cartes

BUT DU JEU

Se débarrasser de ses cartes en bluffant et en misant sur la vitesse du jeu.

1. Le donneur distribue les cartes une par une de manière que les participants aient un nombre de cartes identique. Il n'est pas indispensable d'utiliser toutes les cartes du jeu.

2. Son voisin de gauche prend une carte dans son jeu et la regarde avant de la déposer sur la table, face cachée, en annonçant une famille : carreau, trèfle, cœur ou pique. Il a le droit de mentir. Les autres joueurs font de même, en annonçant la même chose, même si c'est faux.

3. À n'importe quel moment de la partie, un joueur peut traiter de menteur celui qui dépose une carte. Si la carte retournée est d'une famille différente de celle annoncée, le menteur ramasse toutes les cartes posées sur la table. En revanche, si la famille est bonne, c'est l'accusateur qui prend le tas de cartes. C'est alors à lui de jouer.

4. Un joueur peut aussi déposer un petit paquet de cartes. Mais si les autres s'en aperçoivent, il est pénalisé et reçoit une carte de chacun des joueurs.

5. Le gagnant est celui qui n'a plus aucune carte en main.

19

VIRELANGUE

JOUEURS
6 à 10

BUT DU JEU

Gagner le maximum de points en articulant correctement les virelangues plus rigolos les uns que les autres !

« BELLE PRUNE BRUNE, BELLE BRUNE PRUDE. »

« TÂCHE DE MÂCHER TA MÂCHE SANS CRACHER OU CRACHE CE CRACHAT SANS CRASSE. »

« SON CHAT SACHA CHANTE SA CHANSON SANS SON. »

« TONTON, TON THÉ T'A-T-IL ÔTÉ TA TOUX ? »

« SI SIX SCIES SCIENT SIX CYPRÈS, SIX CENT SIX SCIES SCIENT SIX CENT SIX CYPRÈS. »

« SI SIX SANGSUES SONT SUR SON SEIN SANS SUCER SON SANG, CES SIX SANGSUES SONT SANS SUCCÈS. »

« LE CRICRI DE LA CRIQUE CRIE SON CRI AIGU ET CRITIQUE CAR IL CRAINT QUE L'ESCROC NE LE CROQUE ET NE LE CRAQUE. »

« JE VEUX ET J'EXIGE D'EXQUISES EXCUSES. »

« UN CHAT QUI CHASSAIT FIT SÉCHER SES CHAUSSETTES SUR UNE SOUCHE SÈCHE. »

VARIANTES

Pour corser le jeu, on peut ajouter des défis :
- répéter le virelangue plusieurs fois de suite,
- le prononcer le plus vite possible.

HOCKEY DOMESTIQUE

JOUEURS

Nombre pair :
10 et plus

MATÉRIEL

· balais · ballon

BUT DU JEU

Marquer des buts à l'aide d'un balai.

1. Délimiter un terrain de 5 x 10 m minimum, divisé en deux camps. Au fond de chacun se trouve la ligne des buts. Former deux équipes qui rejoignent leurs camps respectifs.

2. Placer le ballon sur la ligne centrale. Il s'agit de le pousser dans les buts adverses pour marquer 1 point. Interdiction de toucher le ballon des mains ou des pieds.

3. Si un joueur pousse le ballon hors du terrain, l'équipe adverse s'en empare.

4. L'équipe qui atteint 7 points a gagné.

21

LE PARKING

JOUEURS

2

MATÉRIEL

- allumettes

BUT DU JEU

Faire preuve d'agilité pour ajouter des allumettes sans toucher les autres.

1. Le premier joueur dessine les lignes d'un parking avec une dizaine d'allumettes.

2. À tour de rôle, chacun gare une allumette à l'intérieur de cette surface déterminée.

ATTENTION !

Il est interdit de toucher ou de déplacer une autre allumette sous peine d'élimination.

LA BALLE AU PRISONNIER

JOUEURS

10 à 40

MATÉRIEL

- balle ou ballon
- craie

BUT DU JEU

Viser juste pour emprisonner le maximum d'adversaires.

1. Tracer sur le sol un rectangle de 5 x 10 m minimum, partagé par une ligne centrale. À l'arrière de chaque camp, tracer un autre rectangle de 2 x 5 m : ce sera la prison du camp adverse. Former deux équipes.

2. Chaque équipe occupe un camp et envoie un volontaire dans la prison adverse. Celui-ci pourra rejoindre son camp lorsqu'un coéquipier aura été fait prisonnier.

3. Au centre du terrain, un joueur lance le ballon en l'air entre deux adversaires qui tentent de l'envoyer à leur équipe. Le coéquipier qui reçoit le ballon vise ensuite un adversaire.

4. Un joueur est fait prisonnier si le ballon rebondit dans son camp après l'avoir touché. Mais si le ballon rebondit à l'extérieur du camp, s'il rebondit avant de toucher le joueur ou si le joueur arrive à bloquer le ballon, il reste libre et peut alors viser un adversaire. On peut faire deux prisonniers d'un coup, mais si l'un arrive à bloquer le ballon, les deux joueurs restent libres.

5. Dès qu'un ballon arrive dans la prison (envoyé par un coéquipier ou échappé des mains de l'adversaire), un captif peut s'en servir pour toucher l'ennemi. S'il y parvient, il est délivré et sa victime va à son tour en prison.

6. Le jeu est terminé lorsque tous les joueurs d'une équipe ont été faits prisonniers.

LES FAUTES

Un joueur est éliminé s'il...

- franchit les limites du camp ;
- envoye le ballon hors du camp adverse.

23

LES AS

JOUEURS

3 et plus

MATÉRIEL

- 5 dés
- pot
- objets (bonbon, crayon, image)

BUT DU JEU

Être le dernier à poser un « as » pour gagner et remporter le contenu du pot.

1. Chaque joueur place un objet dans le pot. Les joueurs lancent deux dés à tour de rôle. Celui qui obtient le nombre le plus élevé commence le jeu. Lorsqu'un dé présente le chiffre 1, on appelle cela un « as ». Les as valent 7 points.

2. Le premier joueur lance tous les dés jusqu'à ce qu'il obtienne un as, un 2 ou un 5. À chaque fois, il pose le ou les as au centre de la table, il passe les 2 à son voisin de gauche et les 5 à son voisin de droite, et cela jusqu'à épuisement des dés.

3. Le joueur de gauche lance à son tour les dés qu'il a reçus et distribue les as, les 2 et les 5 obtenus, comme le premier joueur. Si le joueur de gauche n'a pas de dés, c'est le joueur suivant, à sa gauche (le jeu tourne dans le sens des aiguilles d'une montre), qui joue.

4. Le gagnant est celui qui pose le dernier as au centre de la table. Il remporte le contenu du pot.

LA VACHE QUI TÂCHE

24

Cette activité est à réaliser avec l'aide d'un adulte.

MATÉRIEL

- bouchon de liège
- allumettes

BUT DU JEU

Essayer de rester propre !

1. Un adulte noircit l'extrémité du bouchon en le brûlant. Les joueurs s'assoient en cercle et s'attribuent un numéro. Le premier déclare : « Je suis la vache qui tache sans tache n° 1 et j'appelle la vache qui tache sans tache n° 2. »

2. Le deuxième joueur répond : « Je suis la vache qui tache sans tache n° 2 et j'appelle la vache qui tache sans tache n° 3 », et ainsi de suite… jusqu'au dernier. Si l'un des joueurs se trompe, on lui fait une tache au bouchon sur la joue.
Exemple : le joueur n° 2 se trompe en premier. Il dit alors : « Je suis la vache qui tache avec une tache n° 2 et j'appelle la vache qui tache sans tache n° 3. »

3. À chaque nouvelle erreur, une tache supplémentaire ! Les phrases sont de plus en plus compliquées et le jeu devient de plus en plus amusant ! Au bout de cinq taches, on est éliminé.

25

LE PORTRAIT CHINOIS

JOUEURS
3 à 10

BUT DU JEU

Deviner le nom de la personne choisie par ses camarades.

1. L'un des joueurs sort de la pièce où se déroule le jeu.

2. Les autres choisissent un personnage célèbre, homme, femme ou animal, fictif ou réel, etc.

3. Le joueur revient. Il doit deviner le personnage en posant des questions du type : Si c'était un... ce serait quoi ?

Exemple

« – Si c'était une époque ?

– Ce serait le XIXe siècle.

– Si c'était un lieu ?

– Ce serait le Far West.

– Si c'était un animal ?

– Ce serait un cheval.

– Si c'était un objet ?

– Ce serait un revolver.

– Si c'était un métier ?

– Ce serait cow-boy solitaire ! »

La réponse est, bien sûr, **Lucky Luke** !

26

LA TOUR EIFFEL

JOUEURS

2

MATÉRIEL

- 1 m de cordelette fine nouée par un petit nœud

BUT DU JEU

Créer la tour Eiffel avec une ficelle.

1. Passer la ficelle devant l'annulaire, le majeur et l'index de chaque main. Tendre légèrement.

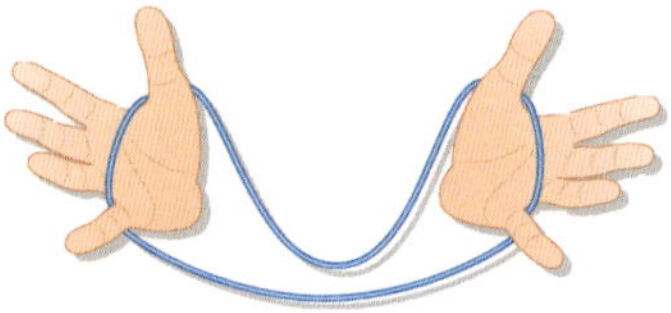

2. Passer l'index de la main droite sous la ficelle opposée. Faire la même chose avec l'index de la main gauche.

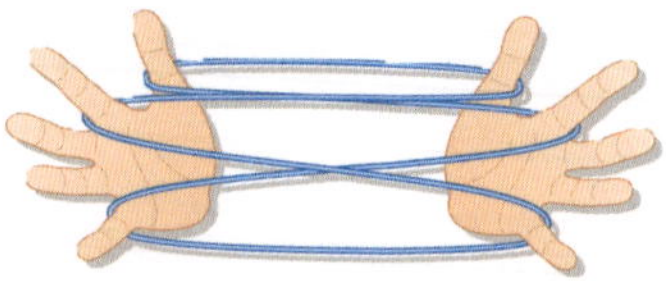

3. Le second joueur passe une main par le trou du milieu et prend par-dessous la première et la dernière ficelle. Il les tire vers le haut.

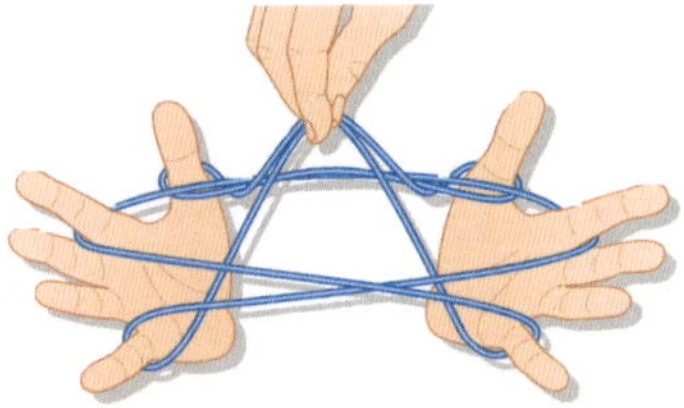

4. Le premier joueur lâche la ficelle des deux index et tire la figure vers le bas pour former une tour Eiffel à quatre pieds.

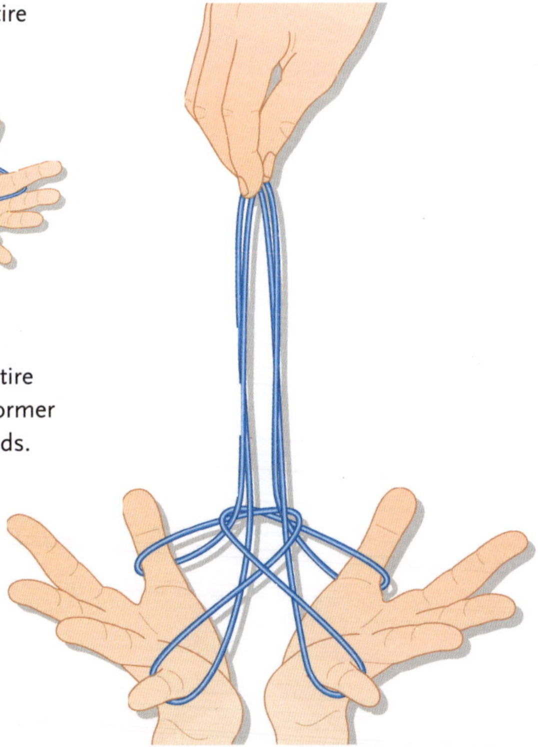

27

COCKTAILS DE FÊTE

LE FRISSON NOIR

MATÉRIEL

- jus de cassis
- soda au cola
- cerises noires
- glaçons

1. Mettre quelques glaçons dans un verre.

2. Remplir le verre à moitié de jus de cassis et compléter avec du soda au cola.

3. Décorer avec quelques cerises noires.

Mmm... Un délice !

LE SOLEIL COUCHANT

MATÉRIEL

- jus de fruits exotiques
- sirop de grenadine
- rondelle d'orange

1. Verser du jus de fruits exotiques dans un grand verre.

2. Ajouter du sirop de grenadine sans mélanger : il va se déposer au fond.

3. Décorer le verre avec la rondelle d'orange.

Rafraîchissant !

LES PINCE-PIEDS

JOUEURS

Nombre pair : 8 à 20

MATÉRIEL

• 2 balles

BUT DU JEU

Passer la balle à son voisin en la tenant entre les pieds… sans jamais la poser.

1. Former deux équipes de joueurs assis en ligne.

2. Le premier de chaque équipe tient une balle entre ses pieds. Au signal du départ, il doit la faire passer entre les pieds de son voisin, qui la passera au suivant, etc., sans que jamais la balle touche le sol.

3. Quand une balle tombe, on compte 1 point de pénalité. Si le joueur maladroit ne peut la récupérer avec les pieds, il peut la replacer avec les mains, mais il fait perdre encore 1 point à son équipe.

4. Le jeu se déroule en trois allers-retours successifs de la balle. L'équipe qui a fini l'épreuve en premier a gagné. Les joueurs de l'équipe qui a perdu le plus de points ont chacun un gage !

29

MINI-COURSE D'OBSTACLES

JOUEURS

4 et plus

MATÉRIEL

- chronomètre
- obstacles
- balles de ping-pong
- bâtons

BUT DU JEU

Faire avancer une balle de ping-pong en se servant uniquement d'un bâton.

1. Créer un parcours au sol : bosses plus ou moins hautes, trous plus ou moins profonds, soucoupes (la balle doit atterrir dedans), arceaux de croquet, boîtes de conserve sans fond au travers desquelles la balle doit passer, etc.

2. Numéroter les obstacles. Désigner le meneur, qui tiendra le chronomètre.

3. Tour à tour, chaque joueur doit faire avancer sa balle le long du parcours en la poussant ou en la projetant avec son bâton, en un minimum de temps.

4. Lorsqu'un joueur oublie un obstacle ou n'arrive pas à toucher sa balle trois fois de suite avec son bâton, il est éliminé. Parmi les joueurs qui n'ont pas fait de fautes, le plus rapide a gagné.

5. Pour les joueurs plus petits et moins habiles, attacher une cuillère à soupe au bâton !

JEU DU CHAPEAU

30

JOUEURS

Nombre pair : 4 à 12

MATÉRIEL

· chapeau · papier
· crayons
· chronomètre

BUT DU JEU

Faire deviner le plus de mots possible en un minimum de temps.

1. Former des équipes de deux joueurs. Ensuite, couper des feuilles de papier en un nombre prédéfini de petits morceaux (exemple : cinq papiers par personne) et les distribuer à chaque joueur.

2. Sur leurs papiers les joueurs écrivent le nom d'un personnage, d'un objet, une action, le titre d'un film, d'une chanson... Dès que tout le monde a fait son choix, plier les petits bouts de papier et les mélanger dans le chapeau.

3. Chaque manche dure 1 minute et commence lorsque le premier joueur pioche un papier. Lors de la première manche, il est possible de parler, mais sans prononcer le mot inscrit. Tous les autres peuvent être utilisés. Dès la fin du temps imparti, le chapeau revient au joueur suivant.

4. Pendant la deuxième manche, il ne faut pas dire un seul mot qui aiderait le coéquipier à deviner ce qui se trouve sur sa carte.

5. Lors de la troisième manche, il est interdit de parler et chaque joueur doit mimer le mot à l'autre membre de son équipe.

6. Chaque manche se termine lorsqu'il ne reste plus rien dans le chapeau. Chaque équipe compte ses points et remet les papiers dans le chapeau.

7. À la fin des trois manches, l'équipe qui a totalisé le plus de points remporte la partie.

31 LA BÊTE À 4 JAMBES

JOUEURS

Nombre pair : 6 et plus

BUT DU JEU

Réussir à se lever sans se lâcher.

1. Former des équipes de deux joueurs.

2. Les joueurs s'assoient à terre dos à dos, en entrelaçant leurs bras.

3. Les premiers à s'être relevés sans se lâcher les coudes, ont gagné.

32 CHARADES

1. Mon premier est quelqu'un qui parle trop.
Mon second vole.
Mon troisième s'offre souvent à Noël.
Mon tout est un délicieux gâteau.

2. Dans mon premier, on plante des tentes.
Mon second est l'un des cinq sens.
Mon troisième est la couleur de l'écureuil.
Mon tout est un animal d'Australie.

3. Mon premier fait la roue.
Mon second est un pronom possessif.
Mon troisième n'est pas court.
Mon tout est un vêtement.

RÉPONSES : 1. Bavaroise au chocolat (bavard - oiseau - chocolat) - 2. Kangourou (camp - goût - roux) - 3. Pantalon (paon – ta – long).

L'ÉPERVIER

JOUEURS

7 et plus

BUT DU JEU

Être plus rapide que l'épervier.

1. L'« épervier » (il peut y en avoir plusieurs) se place au milieu du jardin. Tous les autres joueurs (les « lapins ») se rangent à une extrémité du jardin (le camp 1), derrière une ligne imaginaire.

2. Au signal (« 1, 2, 3, épervier, sortez ! »), les lapins s'élancent pour traverser le jardin jusqu'à l'autre extrémité (le camp 2). Attention à ne pas se faire attraper !

3. Au signal suivant, les lapins doivent courir du camp 2 au camp 1, et ainsi de suite.

4. Les lapins capturés par l'épervier se placent en ligne au milieu du jardin en se tenant la main, pour former une chaîne et gêner le passage des autres lapins. Le dernier lapin à être capturé devient le nouvel épervier, et tout peut recommencer.

ASTUCES

- Pour ne pas se faire capturer, il vaut mieux courir en zigzag.
- On peut faire marche arrière pour éviter l'épervier, mais il est interdit de retourner se réfugier dans le camp d'où l'on vient.

34 LE MOT INTERDIT

JOUEURS

2 et plus

BUT DU JEU

Faire preuve d'imagination pour éviter de prononcer le mot interdit.

1. L'un des joueurs sort de la pièce. Pendant ce temps, les autres choisissent un mot (nom commun, adjectif ou verbe).

2. Le joueur sorti revient et les autres ont 5 minutes pour le questionner de façon détournée afin de l'amener à dire le mot interdit sans le prononcer eux-mêmes.

3. Si le joueur interrogé croit avoir deviné le mot, il le propose, mais il n'a droit qu'à trois propositions. S'il tombe juste, il gagne 2 points. S'il n'a pas prononcé le mot au bout de 5 minutes de jeu, il gagne 1 point.

Exemple

Le mot interdit est légume : « Qu'est-ce qui pousse dans ton jardin ? », etc.

LE LANCEUR ROI

JOUEURS

10 à 20

MATÉRIEL

· ballon · craie

BUT DU JEU

Servi par ses sujets, le roi vise ses adversaires pour gagner des points.

1. Délimiter une aire de jeu longue de 15 m environ, divisée en deux camps égaux. À chaque extrémité, tracer une « ligne de fond ».

2. Former deux équipes qui élisent chacune leur roi. Chaque roi se place derrière la ligne de fond du camp adverse.

3. Pour commencer la partie, deux adversaires se placent dos à dos de part et d'autre de la ligne centrale. Un troisième joueur lance le ballon en l'air. Toujours dos à dos, les deux joueurs essaient de s'emparer du ballon pour le lancer à leur roi, qui tire alors sur un joueur de l'équipe adverse. S'il l'atteint, son équipe marque 1 point.

4. Le roi qui franchit la ligne de fond ou le joueur qui entre dans le camp adverse fait perdre 1 point à son équipe.

5. Si un joueur envoie le ballon au-delà d'une ligne de fond, l'adversaire s'en empare.

36 JE M'APPELLE...

JOUEURS
5 à 10

BUT DU JEU

Être capable de répéter le prénom de tous les joueurs.

1. Les joueurs sont assis en cercle. Un premier joueur annonce : « Bonjour, je m'appelle Pierre. »

2. Son voisin de droite se présente à son tour en rappelant le prénom du joueur précédent : « Voici Pierre. Je m'appelle Jean. »

3. Tour à tour, les joueurs suivants donnent leur prénom après avoir énoncé celui du joueur précédent.

37 MONSIEUR ET MADAME

BUT DU JEU

Trouver les prénoms des enfants de ces couples aux noms originaux !

1. MONSIEUR ET MADAME ZORE ONT UN FILS PASSIONNÉ PAR LES TERRIBLES LÉZARDS. COMMENT S'APPELLE-T-IL ?

2. MONSIEUR ET MADAME COVER ONT UN FILS MINCE COMME UN FIL. COMMENT S'APPELLE-T-IL ?

3. MONSIEUR ET MADAME DEUF ONT UN FILS. COMMENT S'APPELLE-T-IL ?

RÉPONSES : 1. Dino Zore (dinosaure) - 2. Harry Cover (haricot vert) - 3. John Deuf (jaune d'œuf).

LES GENDARMES ET LES VOLEURS

JOUEURS

Nombre pair : 12 à 30

MATÉRIEL

- branches
- pierres

BUT DU JEU

Les gendarmes doivent capturer les voleurs et les jeter en prison, mais les voleurs peuvent, avec un peu d'astuce, libérer leurs compagnons...

1. Former deux équipes : les gendarmes et les voleurs.

2. Avec des branches, des pierres, etc., délimiter deux camps aux deux extrémités de la clairière. Les voleurs occupent un camp, l'autre est la prison près de laquelle se placent les gendarmes.

3. Au signal de départ, tous les voleurs sortent de leur camp. Les gendarmes se lancent à leurs trousses pour faire le maximum de prisonniers.

4. Les voleurs peuvent retourner dans leur camp (interdit aux gendarmes) mais ils ne peuvent pas être plus de quatre en même temps dans leur refuge. Les voleurs ont donc intérêt à y rester le moins longtemps possible.

5. Si les voleurs sont plus de quatre dans leur refuge, ils vont directement en prison.

6. Un prisonnier doit poser un pied sur la ligne de la prison et tendre un bras pour permettre à un autre voleur de se libérer en le touchant. S'il y a plusieurs prisonniers, ils se donnent la main, formant une chaîne. Plus elle s'allonge, plus la délivrance est facile car si un voleur parvient à toucher la main tendue du premier prisonnier, tous les prisonniers sont libérés. L'équipe des gendarmes perd 1 point par prisonnier.

7. Si les gendarmes ont capturé tous les voleurs, l'équipe gagne 1 point par prisonnier plus 10 points de bonus.

8. Le jeu reprend alors en inversant les rôles. À l'issue de quatre, six ou huit parties, l'équipe qui a marqué le plus de points est victorieuse.

39 L'APPEL AU BALLON

JOUEURS

8 à 15

MATÉRIEL

• ballon

BUT DU JEU

Le joueur appelé doit courir pour rattraper le ballon avant qu'il ne tombe à terre.

1. Un joueur tient le ballon et marche autour d'un cercle de joueurs.

2. Soudain, il crie le nom d'un joueur, tout en lançant le ballon en l'air (au cours de la partie, tous les joueurs devront être appelés le même nombre de fois).

3. Le joueur appelé sort du cercle et court pour rattraper le ballon avant que celui-ci ne touche le sol.
- S'il n'y parvient pas, il perd 1 point.
- S'il réussit, il échange sa place avec le lanceur.

Le joueur qui a perdu le moins de points a gagné.

LA CARTE MYSTÉRIEUSE

JOUEURS

2 et plus

MATÉRIEL

- jeu de 52 cartes

BUT DU JEU

Marquer le moins de points possible.

1. Chaque joueur reçoit quatre cartes et les regarde en secret. Il les dispose devant lui, face cachée, dans l'ordre qui lui convient.

2. Chacun reçoit ensuite une cinquième carte. C'est la carte mystérieuse : on la place à l'écart, sans la regarder.

3. Le reste des cartes forme la pioche. La partie commence : chacun pioche une carte à tour de rôle. Si cette carte vaut moins de points que l'une des quatre cartes étalées devant soi, on a le droit de les échanger.

4. Lorsque la pioche est épuisée, chacun retourne ses quatre cartes et compte ses points. Celui qui a le moins de points est le mieux placé pour gagner. Mais le jeu n'est pas encore fini...

5. Arrive alors le grand moment : tout le monde retourne sa carte mystérieuse. Elle peut faire changer le jeu du tout au tout ! Si c'est un roi... malheur à toi !

41

CADRES EN PAILLE

MATÉRIEL

· pailles coudées (jaunes, orange, roses et vertes) · carton fort · ruban adhésif double face · ciseaux · cutter

Cette activité est à réaliser avec l'aide d'un adulte.

Cadre multicolore

1. Découper un carré de carton de 15 x 15 cm et tracer des lignes à 4 cm des bords. Évider la fenêtre centrale.

2. Poser des bandes d'adhésif double face sur le tour du cadre et les tracés. Couper en biseau 4 tronçons de paille rose de 8 cm. Les fixer autour de la fenêtre.

3. Couper 16 tronçons de chaque couleur : jaunes = 4,5 cm, verts = 5,5 cm, orange = 6,5 cm et roses = 7,5 cm. Les fixer autour de la fenêtre centrale en commençant par ceux du milieu.

4. Couper ensuite 28 tronçons roses de 4 cm et les fixer dans les coins du cadre.

Cadre éventail

1. Découper un carré de carton de 15 × 15 cm et tracer des lignes à 3 cm des bords. Évider la fenêtre centrale.

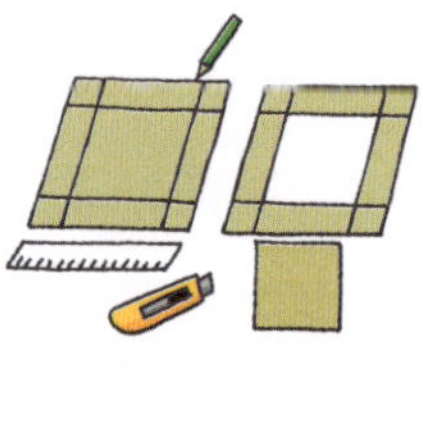

2. Poser l'adhésif double face sur le tour du cadre et les tracés. Couper 6 pailles de chaque couleur à 12 cm du coude et les fixer.

Voilà de quoi encadrer les photos de la fête !

TÉLÉGRAMME

42

JOUEURS

2 et plus

MATÉRIEL

• papier • crayon

BUT DU JEU

Trouver le prénom caché dans un message.

1. Choisir le prénom d'un des joueurs ou celui de son héros préféré.

2. À l'aide des lettres du prénom, construire un message bref en style télégraphique, chaque lettre constituant l'initiale d'un mot.

3. Chaque joueur lit son message aux autres, qui doivent deviner le prénom caché.

Exemple

Pour « Michèle » : « Maman Invite Copain Harry Étonnant Lundi Enfin ».

CHARADES

43

1. Mon premier est une boisson.
Mon second est une boisson.
Mon troisième est une boisson.
Mon tout est une boisson.

2. Mon premier est un fruit.
Mon second est un fruit.
Mon troisième est un fruit.
Mon quatrième est un fruit.
Mon tout est l'air de votre choix.

3. Mon premier n'est pas dur.
Mon second est un tissu.
Mon tout a des ailes.

RÉPONSES : 1. Café au lait (café – eau – lait) - 2. Pom-pom-pom-pom-pom (pomme – pomme – pomme – pomme – pomme) - 3. Moulin (mou – lin).

44 LES OISEAUX CHANTEURS

JOUEURS

8 à 20

MATÉRIEL

- sifflets

BUT DU JEU

Grâce à leurs sifflements, les chasseurs essayent de repérer les oiseaux cachés et tentent de les neutraliser en les touchant.

1. Choisir un point de départ.

2. Former deux équipes : les chasseurs et les oiseaux. Ces derniers reçoivent chacun un sifflet.

3. Les oiseaux « volent » se cacher. 10 minutes plus tard, les chasseurs partent à leur recherche. Les oiseaux sifflent pour les guider en comptant jusqu'à 20 entre deux sifflements.

4. Mais les oiseaux se déplacent entre deux sifflements afin d'égarer les chasseurs.

5. Dès qu'un oiseau est découvert, il est éliminé.

6. Les oiseaux ont perdu si, au bout de 10 minutes, leur équipe est éliminée aux deux tiers.

PHOTOPHORES

Cette activité est à réaliser avec l'aide d'un adulte.

MATÉRIEL

· pots de yaourt en verre · papier de soie (blanc, bleu et vert) · boutons rouges · coquillages · fil de fer fin · raphia vert · colle blanche · pinceau · coupelle · eau · cuillère à soupe · feutre fin indélébile noir · ciseaux droits · ciseaux crantés

Préparation de la colle

Mélanger dans une coupelle deux cuillerées de colle blanche et une cuillerée d'eau.

Bord de mer

1. Encoller un pot. Découper des carrés de papier de soie blanc et les coller à l'extérieur en les superposant. Appliquer deux couches.

2. Avec des ciseaux crantés, couper en deux une bande de papier de soie bleu de 5 x 19 cm en formant une vague. La coller en haut ou en bas du pot en plaçant la vague au milieu. Aplatir les plis au pinceau. Réaliser ainsi cinq pots.

3. Enfiler les coquillages sur 1 m de fil de fer. Enrouler le fil autour d'un premier pot, le torsader, puis l'enrouler autour d'un deuxième pot et ainsi de suite. Pour finir, croiser les extrémités du fil.

ATTENTION !

Ne jamais laisser les bougies allumées sans surveillance.

Campagne

1. Encoller le bas d'un pot. Découper des carrés de papier de soie vert avec les ciseaux crantés et les coller à l'extérieur en les superposant. Appliquer deux couches.

2. Dessiner une coccinelle sur les boutons et les enfiler sur 60 cm de raphia. Enrouler et nouer le raphia autour du pot.

3. Couper deux longueurs de raphia de 30 cm. Les glisser sous le premier brin en les plaçant à l'opposé l'une de l'autre et les nouer en haut. Placer une bougie chauffe-plat à l'intérieur du pot.

Voilà un joli souvenir à rapporter chez soi à la fin de la fête.

46

LES FARFADETS

JOUEURS

9 à 15

MATÉRIEL

- bûche

BUT DU JEU

Pousser et tirer ses voisins pour qu'il fassent tomber la bûche, sans leur lâcher la main !

1. Choisir une bûche légère pour éviter de se faire mal en butant dessus. Former une ronde autour de la bûche posée verticalement.

2. Tout en dansant comme des farfadets, les joueurs doivent pousser ou tirer leur voisin de sorte qu'il fasse tomber la bûche... en évitant de faire de même !

3. Celui qui renverse la bûche est éliminé, et le jeu se poursuit jusqu'à ce qu'il n'y ait plus que trois farfadets en piste : ils ont gagné, puisque la ronde est alors trop serrée pour continuer.

ATTENTION !

Il est interdit de se lâcher la main, sous peine de gage. Celui qui lâche son voisin doit faire le tour du jardin ou de la pièce en courant, la bûche dans les bras.

LA BATAILLE

JOUEURS

2

MATÉRIEL

• jeu de 32 ou 52 cartes

BUT DU JEU

Prendre toutes les cartes de l'adversaire.

1. Les cartes sont distribuées aux joueurs, faces cachées. Chacun pose son paquet de cartes sur la table sans en prendre connaissance.

2. Les deux joueurs retournent la première carte de leur paquet et la posent simultanément. Celui qui a posé la carte la plus forte ramasse le pli et le glisse sous son tas de cartes. L'as est plus fort que le roi, qui est plus fort que la dame, qui est plus forte que le valet, etc.

3. Si les deux cartes retournées sont de même valeur, il y a « bataille ». Chacun des joueurs couvre sa carte avec une carte face cachée, puis avec une carte retournée. Celui qui a posé la carte la plus forte des deux tas remporte le pli.

4. Le jeu s'arrête quand l'un des joueurs n'a plus de cartes.

48 À L'OREILLE

JOUEURS

8 à 20

MATÉRIEL

· sifflet · foulards

BUT DU JEU

Repérer le siffleur à l'oreille et aller le toucher.

1. S'assurer qu'il n'y a pas d'obstacles sur l'aire du jeu. Tout le monde se bande les yeux, sauf le siffleur.

2. Le siffleur se place à 20 ou 30 m des aveugles, puis siffle à petits coups. Il ne peut se déplacer mais peut moduler son souffle pour désorienter les aveugles.

3. Le premier joueur qui le repère et le touche devient le siffleur.

ATTENTION !

Si le siffleur est surpris en train de changer de place, il est éliminé. De la même façon, un joueur qui essaie de soulever son bandeau est disqualifié.

MIMES

JOUEURS

4 à 8

BUT DU JEU

Se lancer dans une partie de mimes endiablée...
Qui en sortira gagnant ?
Mimer les personnages suivants :

UN JOUEUR DE FLÉCHETTES.

UN KARATEKA SUR LE TATAMI.

UN JONGLEUR QUI JOUE AVEC TROIS BALLES.

UN JEDI QUI COMBAT AU SABRE LASER.

UN VIOLONISTE QUI JOUE UNE MUSIQUE ENDIABLÉE.

UN JOUEUR DE TENNIS (LE SERVICE, LE COUP DROIT, LE REVERS ET LE SMASH).

UN GUITARISTE QUI FAIT UN SOLO.

UN PÊCHEUR QUI PEINE À RAMENER UNE GROSSE PRISE SUR LA RIVE.

50 LE POUILLEUX

JOUEURS

2 et plus

MATÉRIEL

• jeu de 52 cartes

BUT DU JEU

Se débarrasser du pouilleux en le faisant passer à un autre joueur.

1. Retirer du jeu les valets sauf celui de trèfle : c'est lui, le vilain pouilleux qu'il faut éviter.

2. Mélanger bien les cartes, puis les distribuer, en nombre égal, aux joueurs. Chacun tient son jeu en éventail, devant lui, en évitant de montrer ses cartes à ses voisins.

3. Chacun se débarrasse de ses paires de même couleur : par exemple, 7 de trèfle et 7 de pique, dame de cœur et dame de carreau, etc.

4. Le jeu peut alors débuter : le voisin de droite pioche une carte au hasard dans le jeu du voisin. S'il obtient ainsi une paire, il s'en débarrasse. Puis c'est au tour de son voisin de piocher une carte dans son jeu, et ainsi de suite.

5. Une seule carte restera à la fin : le pouilleux, puisqu'il n'a pas d'acolyte ! Celui qui l'a perd la partie.

LES POUSSES

JOUEURS
5 et plus

BUT DU JEU

Essayer d'arracher un joueur aux autres qui le maintiennent.

1. Tirer au sort celui qui commencera. Les autres joueurs s'assoient dans l'herbe, l'un derrière l'autre et s'accrochent fermement les uns aux autres.

2. L'arracheur tire alors une première pousse à deux mains pour l'arracher au sol.

3. Si la pousse ne résiste pas à l'arracheur, elle se place derrière lui, le prend par la taille et l'aide à arracher la pousse suivante.

4. En cas de difficulté, l'arracheur peut demander l'aide du dernier de la file en criant : « Une autre pousse à la rescousse ! » mais en ce cas, il reçoit un gage.

5. À la fin de la partie, lorsque toutes les pousses ont changé de côté, on recommence avec un nouvel arracheur.

52

COCO BIEN ASSIS

JOUEURS

8 et plus

MATÉRIEL

- foulard

BUT DU JEU

Reconnaître les joueurs au son de leur voix.

1. Les joueurs sont assis en cercle par terre. L'un d'eux a les yeux bandés : il se prénomme Coco.

2. Coco donne le signal en se levant. Puis il va se rasseoir sur les genoux de l'un de ses camarades. Coco demande : « Coco est-il bien assis ? » Le joueur interpellé répond : « Oui, Coco est bien assis. »

3. Coco doit reconnaître le joueur sur lequel il s'est assis. Mais, celui-ci a le droit de déguiser sa voix en la rendant plus aiguë ou plus grave, par exemple. La question peut être posée trois fois.

4. Si le joueur questionné est reconnu, il prend la place de Coco. Sinon Coco essaye avec un autre joueur.

LE PIRATE BORGNE

JOUEURS

6 à 10

MATÉRIEL

. 4 foulards

BUT DU JEU

Le pirate doit, d'un seul œil, repérer les corsaires qui s'approchent de ses trésors !

1. Désigner un pirate auquel on bande un œil avec un foulard. Donner un surnom à chaque corsaire. Le jeu se déroule en plusieurs manches ; à chaque manche, on change de pirate.

2. Le pirate accroche aux branches les trois foulards restants pour délimiter un triangle de 6 à 10 m de côté. Il restera au centre de cet espace.

3. Les corsaires s'éloignent dans les fourrés.

4. Au signal du pirate, les corsaires s'approchent à pas de loup des foulards afin de les voler.

5. Quand le pirate voit un corsaire, il crie son surnom. Si le corsaire est bien identifié, il est éliminé et le pirate marque 1 point. En revanche, si le pirate se trompe de surnom, le corsaire a le droit de venir prendre le foulard convoité.

6. Si le pirate se fait voler ses trois trésors, il a un gage ! Et s'il est surpris en train de soulever son foulard pour mieux voir, il est éliminé.

7. Le jeu est terminé lorsque tous les joueurs ont été pirates. On fait alors les comptes. Le « Grand Pirate » est celui qui a marqué le plus de points.

54

LES MARIAGES

JOUEURS

Nombre pair :
6 et plus + 1 meneur

MATÉRIEL

• papier • ciseaux
• crayon

BUT DU JEU

Mimer et observer le jeu des autres joueurs pour trouver sa moitié au plus vite.

1. Découper autant de bouts de papier qu'il y a de joueurs.

2. Sur les papiers, le meneur inscrit le nom d'un animal, d'un métier ou toute autre action facile à mimer, en double exemplaire.

3. Plier les papiers et les rassembler. Chaque joueur en pioche un et le lit silencieusement.

4. Les joueurs miment ce qui est indiqué sur leur papier. En même temps, ils doivent repérer le joueur qui mime la même chose et le rejoindre le plus rapidement possible.

55

DEVINETTES

1. J'ai quatre dents et pourtant je ne mords pas. Qui suis-je ?

2. Que font deux crabes qui se rencontrent ?

RÉPONSES : 1. La fourchette - 2. Ils se serrent la pince.

À CHACUN SON MÉNAGE

JOUEURS

Nombre pair : 8 et plus
+ 1 meneur

MATÉRIEL

• 2 balais • 4 chaises
• chiffon • chronomètre

BUT DU JEU

Balayer un chiffon : drôle de ménage !

1. Former une « porte » avec deux chaises bien espacées. Faire de même à l'opposé, 4 ou 5 m plus loin.

2. Au centre du terrain, on place un chiffon et deux balais sur le sol.

3. Former deux équipes et numéroter les joueurs. Chaque équipe s'aligne derrière sa porte comme sur le dessin, afin que les joueurs soient à l'opposé les uns des autres.

4. Le meneur appelle un numéro. Les deux joueurs concernés se précipitent et attrapent chacun un balai.

5. Les concurrents s'efforcent alors de « balayer » le chiffon vers leur propre porte pour marquer 1 point.

6. Lorsqu'un joueur y parvient, on replace chiffon et balais au milieu du terrain et le meneur appelle un autre numéro.

7. Au bout de 15 minutes, on compte les points !

57

MÉCHANT COMME...

JOUEURS

5 à 9

MATÉRIEL

- balle

BUT DU JEU

Attraper la balle n'est pas tout, il faut aussi avoir du répondant !

1. Le premier joueur est tiré au sort. Puis tous les participants s'assoient en cercle.

2. Le joueur désigné tient la balle. Il la lance à un autre en annonçant : « Méchant comme...? » En rattrapant la balle, le joueur visé doit nommer un personnage célèbre qui correspond à l'annonce (exemple : l'abominable homme des neiges). Puis il renvoie la balle à un autre joueur en annonçant un autre adjectif (belle, glouton, etc.). La balle passe ainsi de joueur en joueur.

3. On peut citer plusieurs fois le même personnage.

4. Le joueur qui laisse tomber la balle ou qui ne répond pas au bout de 3 secondes est éliminé.

5. Les deux joueurs restants sont les gagnants.

LE TUNNEL MAUDIT

58

JOUEURS

5 et plus

MATÉRIEL

• musique • 1 montre à trotteuse ou 1 chronomètre (on peut aussi compter dans sa tête)

BUT DU JEU

Ne pas être sous le tunnel lorsque la musique s'arrête.

1. Les joueurs se placent en file indienne, jambes écartées et mains posées sur les épaules de leur voisin de devant.

2. Au signal, le meneur de jeu lance la musique. Le joueur en queue de file doit alors se mettre à quatre pattes et remonter le tunnel sous les autres joueurs, le plus vite possible, et se relever au bout de la ligne.

3. Toutes les 90 secondes (1 min 30 s), le meneur éteint la musique. Le joueur qui se retrouve sous le tunnel à ce moment-là est éliminé.

4. Le dernier joueur restant a gagné !

59

LE SCULPTEUR

JOUEURS

Nombre pair : 2 et plus

BUT DU JEU

Donner aux modèles une attitude cocasse.

1. Les joueurs se mettent deux par deux ; l'un sera le sculpteur, l'autre la statue.

2. Sans parler, le sculpteur donne une position ou un mouvement à sa statue : il lève son bras ou sa jambe, tourne sa tête, etc. Il se recule pour admirer son chef-d'œuvre.

VARIANTES

- Si le nombre de joueurs le permet, les sculpteurs peuvent regrouper leurs statues pour composer un tableau de maître.
- La statue peut s'animer lentement tandis que le sculpteur imite ses mouvements comme un miroir. La statue bouge ainsi au ralenti jusqu'à ce que l'ancien sculpteur se fige et devienne statue à son tour.

SÉCHOIR EXPRESS

JOUEURS

Nombre pair :
4 et plus

MATÉRIEL

- corde à linge
- 6 pinces à linge
- 6 vêtements légers
- 4 chaussettes

BUT DU JEU

**Étendre du linge.
Rien de plus facile…
sauf si l'on dispose
d'un minimum de temps
et de peu de pinces à linge !**

1. Tendre une corde à linge. Les joueurs forment deux équipes et se placent sur une ligne de départ à 5 ou 6 m de la corde à linge.

2. Le premier joueur de chaque équipe reçoit trois vêtements, deux chaussettes et trois pinces à linge.

3. Au signal du départ, le premier joueur de chaque équipe s'élance pour attacher son linge. Il faut de l'astuce pour tout faire tenir en trois pinces !

4. Puis les deux joueurs reviennent au départ. Les suivants prennent immédiatement le relais : ils s'élancent pour décrocher les vêtements et les pinces, reviennent donner le linge à leurs coéquipiers, etc. On continue jusqu'à ce que tous les joueurs aient tenté d'accrocher le linge. L'équipe qui termine en premier a gagné.

61

PIGEON VOLE !

JOUEURS
4 et plus

BUT DU JEU

Être très attentif aux paroles du meneur !

ATTENTION !

Le meneur du jeu peut induire les joueurs en erreur en levant la main quand il ne faut pas.

1. Les joueurs s'asseyent en cercle. Le meneur de jeu énonce des noms d'animaux.

2. À chaque nom d'animal volant, les joueurs doivent lever la main. Sinon, il faut absolument la garder baisser.

3. Celui qui lève la main sans raison reçoit un gage. Pour que le jeu soit encore plus amusant, il faut aller vite.

4. Le dernier en jeu gagne la partie.

62

MONSIEUR ET MADAME

BUT DU JEU

Trouver les prénoms des enfants de ces couples aux noms originaux !

1.
MONSIEUR ET MADAME DELACHANCE ONT UNE FILLE. COMMENT S'APPELLE-T-ELLE ?

2.
MONSIEUR ET MADAME ALIZAN ONT UN FILS QUI A LE POUVOIR D'IMMOBILISER SES CAMARADES. COMMENT S'APPELLE-T-IL ?

3.
MONSIEUR ET MADAME TOUTLEMONDE ONT UN FILS. COMMENT S'APPELLE-T-IL ?

RÉPONSES : 1. Ella Delachance (elle a de la chance) - 2. Gaspard Alizan (gaz paralysant) - 3. Côme Toutlemonde (comme tout le monde).

LA BONNE MISE

JOUEURS

2 et plus

MATÉRIEL

- jeu de 32 cartes
- objets pour miser (jetons, bonbons, pâtes crues, autocollants...)

BUT DU JEU

Miser sur les bonnes cartes et gagner contre la banque.

1. Tirer au sort un « banquier ». C'est lui qui va tenir la cagnotte du casino. Le banquier commence par battre les cartes, puis il les pose devant lui en pile sur la table, face cachée.

2. Le banquier tire les deux premières cartes de la pile et les place de chaque côté de la table, sans les retourner. Personne ne doit voir ce qu'elles représentent.

3. Chaque joueur place alors sa mise : il dépose, du côté de la carte qu'il pense être la plus forte, un certain nombre de ses jetons ou bonbons.

4. Lorsque tout le monde a misé, le banquier retourne les cartes : c'est la plus forte qui gagne. Les joueurs qui ont misé du bon côté reçoivent deux fois leur mise. Les joueurs qui ont misé du mauvais côté perdent la leur, et enrichissent donc la banque.

5. Le banquier tire alors les deux cartes suivantes et le jeu continue. Attention ! Lorsque les deux cartes tirées sont de même valeur, personne ne gagne... sauf la banque qui ramasse toutes les mises. Le gagnant est celui qui accumule le plus de gains.

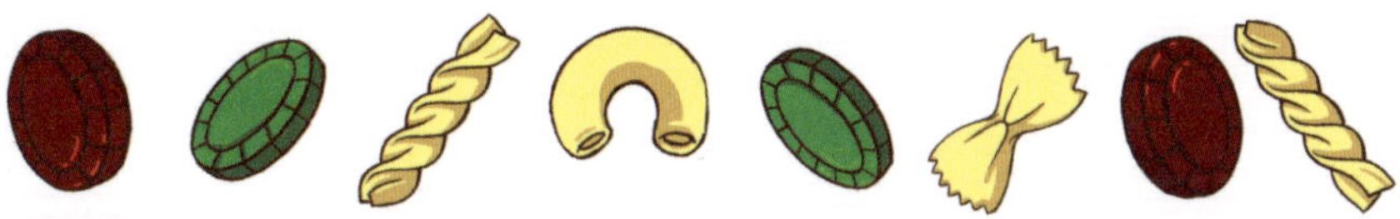

64 CHAMBOULE-TOUT

MATÉRIEL

· 6 canettes de boissons · papier blanc et de couleur · colle à papier peint · capsules de bouteilles · cure-dents · peinture · pinceaux (large et fin) · pâte adhésive · chaussettes

1. Déchirer des morceaux de papier d'environ 4 cm. Encoller leurs deux faces et en recouvrir les canettes en les superposant. Pour la partie inclinée, utiliser des morceaux plus petits.

2. Dans du papier de couleur, déchirer des taches, des rayures ou des écailles. Les coller sur les canettes de la même façon. Bien laisser sécher.

3. Pour les cils, couper trois cure-dents en deux. Les planter dans deux boulettes de pâte adhésive et les peindre en noir.

4. Pour les yeux, tracer et découper deux ronds de papier blanc et deux ronds noirs. Peindre les pupilles en blanc. Avec de la pâte adhésive, fixer les ronds entre eux et le tout à l'intérieur des capsules. Fixer les yeux des animaux avec les boulettes de pâte tenant les cils.

5. Déchirer deux triangles de papier pour les oreilles. Peindre l'intérieur en rose. Les fixer derrière les yeux avec de la pâte adhésive.

6. Le museau se réalise comme les yeux. Peindre le papier en rose et les moustaches en blanc. Pour la langue, retirer la languette de la canette, la peindre en rouge et la fixer avec de la pâte adhésive.

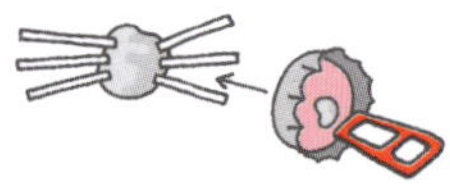

Une fois le chamboule-tout terminé, on empile les animaux-canettes, puis chacun son tour, à l'aide d'une paire de chaussettes enroulées, les joueurs essayent de détruire la pyramide.

PARCOURS DU COMBATTANT

JOUEURS

4 et plus
+ 1 meneur

MATÉRIEL

- chronomètre
- obstacles volumineux

BUT DU JEU

Traverser au plus vite un parcours semé d'obstacles.

1. Choisir un meneur qui chronométrera les coureurs.

2. Placer des obstacles divers sur 30 m environ (cartons, chaises, tables, bûches, etc.) et délimiter une ligne de départ derrière laquelle se placent les joueurs, à la file.

3. Au signal du meneur, le premier de la file s'élance en courant. Selon un enchaînement défini au départ, il doit contourner certains obstacles, sauter par-dessus d'autres, monter sur une chaise et en descendre, passer sous une table, etc.

4. Arrivé au bout du parcours, le joueur revient directement en courant au départ. S'il a oublié un obstacle ou s'est trompé sur un passage prévu, le meneur lui ajoute une pénalité de 10 secondes.

5. Au signal du meneur, le joueur suivant part à son tour.

6. Celui qui a effectué le meilleur temps a gagné.

66

LE MIROIR

JOUEURS

2 à 6

MATÉRIEL

- ficelle

BUT DU JEU

Imiter exactement celui qui se regarde dans le miroir.

1. Le miroir est matérialisé par un bout de ficelle posé sur le sol.

2. Deux joueurs à peu près de même taille se placent face à face, de profil par rapport aux autres joueurs-spectateurs. Le premier incarne le personnage qui se regarde dans le miroir. Le deuxième est son reflet.

3. Le premier joueur fait des gestes lents que l'autre doit reproduire le plus fidèlement possible.

4. Au bout de quelques minutes, d'autres joueurs peuvent l'un après l'autre venir compléter le mime. On peut aller jusqu'à trois joueurs maximum de chaque côté, le plaisir étant de passer d'une situation à l'autre : acteur, reflet ou spectateur.

Exemples

Voici quelques actions faciles à imiter : se raser, se maquiller, faire la cuisine à deux ou trois...

LA PISTE DES INDIENS !

JOUEURS

2 et plus

MATÉRIEL

• cailloux • bâtons • herbes

BUT DU JEU

Suivre une piste grâce à des signes laissés sur le chemin.

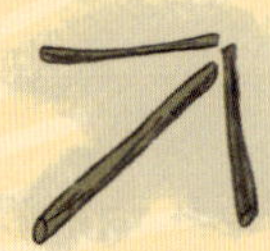

1. Direction à suivre
Une flèche simple tracée à la craie sur un muret ou sur un arbre, ou formée avec des bâtons ou des cailloux sur le sol, montre le chemin.

2. Bonne piste
Ces signes confirment la bonne direction : une grosse roche surmontée d'une petite pierre, une touffe d'herbe nouée, etc.

3. Mauvaise direction
La croix, faite de bois ou de cailloux, est le signe du mauvais chemin !

4. Obstacle à franchir
Les obstacles à franchir sont signalés par une flèche dont la tige est barrée deux fois.

5. Signaux de danger
Attention ! Trois touffes d'herbes nouées l'une à la suite de l'autre ou un triangle au sol signifient « danger ».

6. Point-étape
Si, par terre, il y a un rectangle en bois ou en cailloux : il faut attendre. Ouvrir l'œil, il y a peut-être un message à proximité...

7. Fin de piste
Un rond de pierres avec une pierre au centre indique l'arrivée. C'est gagné !

Jouer

• Organiser un ou plusieurs parcours pour ses amis.
• Cacher des messages codés.
• Organiser des épreuves le long de la piste pour faire gagner des points.

68

LES BALAYETTES

JOUEURS

Nombre pair : 6 et plus

MATÉRIEL

- 2 balayettes

BUT DU JEU

Avancer le plus vite possible sur les talons tout en époussetant l'adversaire.

1. Tracer des lignes de départ et d'arrivée espacées d'au moins 5 m. Former deux équipes qui se placent en file indienne derrière la ligne de départ. Les équipes doivent être bien proches l'une de l'autre.

2. Au signal, les premiers joueurs avancent en équilibre sur les talons tout en s'époussetant pour se gêner mutuellement. On doit épousseter l'adversaire tant qu'il est à portée de main. Si un joueur pose le pied à plat, il doit reprendre la course depuis le départ.

3. Dès qu'un joueur franchit la ligne d'arrivée, il revient en courant normalement pour passer le relais à son coéquipier. L'équipe la plus rapide gagne la course.

BALLES PRESSÉES

JOUEURS

Nombre pair : 6 et plus

MATÉRIEL

- balles

BUT DU JEU

Les joueurs doivent avancer le plus rapidement possible en coinçant une balle entre eux.

1. Délimiter une ligne de départ et une ligne de fond, 5 m plus loin.

2. Former deux équipes dont les joueurs se regroupent par paires derrière la ligne de départ.

3. Les deux premiers joueurs de chaque équipe placent une balle entre leurs fronts. Il leur sera interdit de la toucher avec les mains pendant la course, sauf si elle tombe : ils auront alors le droit de la replacer.

4. Au signal du départ, les deux joueurs de chaque équipe s'élancent vers la ligne du fond, la franchissent et reviennent au départ le plus vite possible pour passer la balle à leurs coéquipiers, qui à leur tour la coincent entre leurs fronts, etc.

70 MAUVAISE POINTURE

JOUEURS

3 et plus

MATÉRIEL

· 10 paires de chaussures d'adultes · grand carton

BUT DU JEU

Rejoindre le but le plus vite possible en enfilant des chaussures d'une même paire et en évitant de se tordre les pieds !

1. Placer pêle-mêle dans un grand carton toutes les chaussures et bien les mélanger.

2. Délimiter une ligne de départ et une ligne d'arrivée à environ 20 m du carton.

3. Au signal, tous les joueurs se précipitent sur le carton et fouillent pour trouver les chaussures d'une même paire.

4. Les garçons devront choisir des chaussures de femme et les filles des chaussures d'homme ! Puis ils les enfilent et courent jusqu'au but.

5. Le gagnant est le premier arrivé.

ATTENTION !

Perdre une chaussure sur le parcours est éliminatoire.

BÂTON AUX GENOUX

JOUEURS

2 et plus

MATÉRIEL

• bâton assez long

BUT DU JEU

Dans une position très inconfortable, deux joueurs s'affrontent et essaient de se renverser l'un l'autre.

1. Se tenant accroupis, un bâton sous les genoux, les bras passant sous le bâton et les mains jointes devant les jambes au niveau des mollets, les joueurs, en sautillant, doivent renverser leur adversaire.

2. Les joueurs s'affrontent à coups d'épaule, de fesse, de dos, etc.

3. Si cette position est trop difficile à maintenir, les joueurs, toujours accroupis, peuvent s'opposer avec leurs paumes ouvertes.

72

COLLIER DE COQUILLAGES

Cette activité est à réaliser avec l'aide d'un adulte.

MATÉRIEL

- 10 coquillages
- cordelette fine
- outil pointu
- aiguille

1. Laver les coquillages à l'eau douce, puis les sécher.

2. Avec l'aide d'un adulte, faire un trou dans chaque coquillage avec un outil pointu. Les trous doivent être assez grands pour que l'aiguille et la cordelette passent dedans.

3. Glisser la cordelette dans le chas de l'aiguille, puis enfiler les coquillages dessus. Il suffira de nouer la cordelette autour de son cou pour porter ce magnifique collier ; un beau souvenir de cette journée d'anniversaire.

73

CHARADES

1. Mon premier est un vêtement féminin.
Mon second est toujours premier.
Mon troisième a six faces.
Mon quatrième est une petite forêt.
Mon tout est un justicier.

2. Mon premier est le féminin de « il ».
Mon second est un obstacle à sauter.
Mon troisième est le petit de la biche.
Quant à mon tout… « défense d'y voir ».

3. Mon premier est un félin.
Mon second est un récipient.
Mon troisième est le cri de la vache.
Mon quatrième n'est pas court.
As-tu déjà porté mon tout sur la tête ?

RÉPONSES : 1. Robin des bois (robe – 1 – dé – bois) - 2. Éléphant (elle – haie – faon) - 3. Chapeau melon (chat – pot – meuh – long).

LES POMMES À L'EAU

JOUEURS

3 à 7

MATÉRIEL

- grande cuvette
- pommes
- cure-dents
- chronomètre

BUT DU JEU

Croquer dans une pomme qui flotte dans une cuvette sans s'aider des mains : cela demande de la patience !

1. Au moyen d'un cure-dents, graver sur les pommes les initiales de chaque joueur.

2. Placer les pommes dans une grande cuvette remplie d'eau.

3. Tour à tour, les joueurs, les mains derrière le dos, doivent repérer leur pomme et essayer de la saisir avec les dents.

4. Chaque joueur est chronométré. Le gagnant est celui qui est parvenu à saisir sa pomme le plus rapidement.

75 LE FURET

JOUEURS

5 à 15

MATÉRIEL

- 1 petit anneau
- ficelle

VARIANTES

Pour compliquer le jeu, les joueurs peuvent :

- tenir la ficelle dans leur dos ;
- le guetteur peut tourner autour des joueurs, tandis que ceux-ci chantent et se passent l'anneau de plus en plus vite.

ATTENTION !

Il ne faut pas trop serrer la ficelle, au risque de se brûler par échauffement.

BUT DU JEU

Faire glisser un anneau sur une ficelle sans que le guetteur arrive à le localiser.

1. Les joueurs forment un cercle. L'un d'eux, le guetteur, se place au milieu.

2. Glisser l'anneau sur une ficelle assez longue pour faire le tour du cercle. Nouer les extrémités. Les joueurs tiennent la ficelle sans la serrer.

3. Tous ensemble, les joueurs font mine de se passer l'anneau, même s'ils ne l'ont pas : en rythme, ils rapprochent leurs mains, puis les écartent de façon que chaque main touche celle du voisin. L'anneau passe ainsi de main en main pendant que les joueurs chantent en chœur la chanson du furet :
« *Il court, il court, le furet*
Le furet du bois, mesdames
Il court, il court, le furet
Le furet du bois joli
Il est passé par ici
Il repassera par là
Qui l'a ? »

4. À cette question, le guetteur doit deviner quel joueur a l'anneau. S'il y parvient, ils échangent leurs places.

76

LES FLÉCHETTES

Cette activité est à réaliser avec l'aide d'un adulte.

JOUEURS

1 à 4

MATÉRIEL

- ballons
- bonbons
- fléchettes
- punaises

BUT DU JEU

Faire éclater le plus de ballons possible et récolter les bonbons.

1. Gonfler les ballons en glissant des friandises dans un ballon sur deux.

2. Les mélanger et les attacher à un mur ou une planche de manière à constituer un pan de ballons qui deviendra la cible. Utiliser les punaises à planter dans la queue des ballons pour les fixer.

3. Les joueurs se placent à quelques mètres et visent les ballons à l'aide des fléchettes.

4. Le vainqueur est celui qui a récolté le plus de bonbons !

77

DEVINETTES

1. Quel animal a le plus de dents ?
Indice : ce ne sont pas ses propres dents.

2. Quel est le pain préféré du magicien ?

RÉPONSES : 1. La petite souris - 2. La baguette.

78

LAISSEZ-MOI DORMIR

JOUEURS

20 à 40

MATÉRIEL

• 30 ballons de baudruche minimum • grandes couvertures

BUT DU JEU

Les équipes tentent de laisser leur dormeur se reposer le plus longtemps possible.

1. Choisir une pelouse pour terrain de jeu ou bien étaler de grandes couvertures au sol.

2. Former des équipes égales. Les coéquipiers s'agenouillent en cercle autour d'une douzaine de ballons au moins.

3. Ils se tiennent de façon à bloquer au mieux tous les ballons les uns contre les autres.

4. Un joueur de chaque équipe s'allonge sur ses ballons.

5. Les joueurs se mettent tous à chanter :
« *Fais dodo, mon p'tit joueur*
Près de tes frères et sœurs
Si l'un de nous s'en va
Ne te réveille pas... »
À ce moment, un joueur de chaque équipe se retire doucement et les autres resserrent le cercle afin de maintenir les ballons serrés.

6. Tous recommencent à chanter, et chaque fois, un joueur se retire : les coéquipiers s'allongent, étendant leurs bras, font tout leur possible pour maintenir les ballons serrés, mais il devient de plus en plus difficile pour le dormeur de ne pas tomber...

7. L'équipe dont le dormeur est resté le plus longtemps couché a gagné !

LES DOMINOS

JOUEURS

4 à 10

MATÉRIEL

- jeu de dominos de double neuf

BUT DU JEU

Se débarrasser de ses pièces en marquant le maximum de points.

1. Répartir les dominos, faces cachées, entre les joueurs : treize dominos chacun s'ils sont quatre, onze s'ils sont cinq, neuf s'ils sont six, sept s'ils sont sept, six s'ils sont huit ou neuf, cinq s'ils sont dix. Laisser le reste des dominos de côté.

2. Le joueur qui a le double neuf (9-9) commence. Si personne ne l'a, tous les dominos sont repris, mélangés et redistribués. Celui qui a le double neuf le pose au centre de la table.

3. À partir du double neuf, il faut poser à angle droit un domino dont l'une des faces porte un neuf.

4. On pose ensuite un domino dont l'une des faces est identique à une autre déjà posée.

5. Quand un joueur ne peut pas poser de domino, il passe son tour.

6. Le premier joueur qui place tous ses dominos a gagné. Il ramasse alors tous les points encore détenus par les autres joueurs.

80 FRISBEE EN CORDES

JOUEURS

2 et plus

MATÉRIEL

- 2 piquets
- 2 cordes à linge ou cordelettes
- Frisbee

BUT DU JEU

Faire passer un Frisbee entre deux cordes tendues.

1. Planter deux piquets à 2 ou 3 m d'intervalle. Tendre deux cordelettes entre les piquets, espacées d'au moins 50 cm.

2. Éloignés de 4 à 5 m, les joueurs lancent le Frisbee tour à tour. Les lancers sont de plus en plus difficiles : main droite puis gauche, sous une jambe puis l'autre, en tournant, etc. Celui qui réussit le plus de lancers gagne.

PICASSO

JOUEURS

4 à 6

MATÉRIEL

- feuilles
- stylos ou crayons

BUT DU JEU

Se défier au dessin entre joueurs et découvrir qui est le plus doué ! Dessiner...

UN AVION EN TENANT UN FEUTRE AVEC SON PIED.

UN LAPIN EN TENANT SON CRAYON DANS LA BOUCHE ET SANS S'AIDER DES MAINS.

UN ARBRE EN TENANT SON CRAYON ENTRE LE POUCE ET LE PETIT DOIGT.

L'EXPRESSION « DONNER SA LANGUE AU CHAT ».

UNE VOITURE AVEC LA MAIN GAUCHE SI LE JOUEUR EST DROITIER OU DE LA MAIN DROITE SI LE JOUEUR EST GAUCHER.

UN MOUTON EN FERMANT LES YEUX.

UN CHAMEAU, SANS DÉCOLLER SON CRAYON DE LA FEUILLE.

UN ÉLÉPHANT DE DOS.

82

LA BATAILLE NAVALE

JOUEURS

2

MATÉRIEL

• crayon • papier
• règle

BUT DU JEU

Couler toute la flotte ennemie !

1. Chaque joueur dessine deux grilles comme ci-contre sur sa feuille. La première grille va représenter sa flotte, la seconde, celle de son ennemi. Chacun place sa flotte sur sa grille en noircissant les cases. Les navires ne doivent pas se toucher.

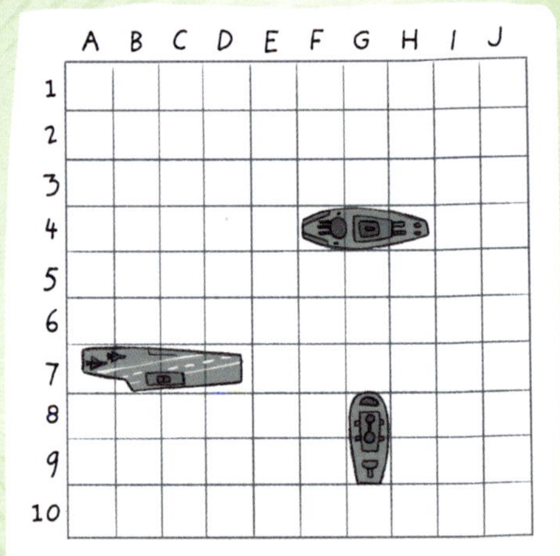

2. À tour de rôle, chacun des joueurs tire une salve de trois coups sur la zone de combat de l'adversaire en annonçant la situation des cases (exemple : A4).

3. Si le coup tombe dans l'eau, on répond : « Dans l'eau ! » S'il tombe à côté d'un navire, on répond : « En vue ! »

4. L'attaquant sait alors qu'il approche du but... Si le coup touche un navire, l'attaqué répond : « Touché ! » Il faut noter dans les grilles les cases explorées pour se souvenir des coups portés. Lorsqu'un navire est touché sur toutes ses cases, l'attaqué annonce « Coulé ! » : il vient de perdre un bâtiment...

FLOTTE

- 1 porte-avions (4 cases de long)
- 2 croiseurs (3 cases)
- 3 torpilleurs (2 cases)
- 4 sous-marins (1 case)

LA GAMELLE

JOUEURS

5 et plus

MATÉRIEL

• boîte de conserve vide ou ballon • bâton

BUT DU JEU

Délivrer des prisonniers en tapant dans la « gamelle ».

1. Tirer au sort un gardien. Tracer sa prison à l'aide d'un bâton (un espace d'au moins 4 m^2). Tous les joueurs s'y regroupent, à côté du ballon ou de la boîte, appelé(e) « gamelle ».

2. Un joueur tape du pied dans la gamelle aussi fort que possible.

3. Le gardien court alors la chercher pendant que les autres partent se cacher dans la direction opposée.

4. Quand il a ramassé la gamelle, le gardien revient dans la prison à reculons, puis se retourne et part en chasse. Attention ! Il ne peut faire plus de dix pas hors de la prison.

5. Quand le gardien aperçoit un joueur, il l'appelle et le joueur va en prison.

6. Les autres joueurs doivent alors libérer le prisonnier en venant tirer dans la gamelle sans être vus du gardien.

7. Pendant que le gardien va chercher la gamelle, les prisonniers libérés partent se cacher à nouveau et tout recommence !

84

SUR LES POINTES

JOUEURS

Nombre pair : 8 et plus

MATÉRIEL

- craie ou ficelle

BUT DU JEU

Avancer face à face sur les pointes sans tomber.

1. Marquer des lignes de départ et d'arrivée espacées d'au moins 5 m. Former deux équipes qui se placent en file indienne derrière la ligne de départ. Les équipes doivent être bien proches l'une de l'autre.

2. Au signal du départ, les deux premiers joueurs de chaque équipe se donnent les mains et avancent, l'un face à l'autre, en se dressant sur la pointe des pieds. L'un des deux se déplace ainsi à reculons.

3. Arrivés au but, les joueurs reviennent de la même façon, mais en inversant leurs rôles.

4. Puis c'est le tour des joueurs suivants, etc. L'équipe la plus rapide gagne la course.

GARAGE DE BILLES

JOUEURS

2 à 6

MATÉRIEL

· billes · grande boîte à chaussures · ciseaux

BUT DU JEU

Lancer des billes dans des trous plus ou moins petits dans une boîte pour obtenir un maximum de points.

1. Découper des trous dans une boîte à chaussures, au ras du bord. Varier la taille des trous et attribuer à chacun un nombre de points. Le plus petit en vaut évidemment plus !

2. Munis du même nombre de billes, les joueurs s'agenouillent sur une ligne de tir située plus ou moins loin de la boîte, en fonction de leur âge.

3. À tour de rôle, les joueurs visent les trous de la boîte.

4. Celui qui a marqué le plus de points remporte toutes les billes du garage.

VARIANTE

Pour compliquer le jeu, utiliser des calots si les trous sont de taille suffisante.

86 LE VINGT-ET-UN

JOUEURS

2 et plus

MATÉRIEL

· dé · pot · pions
· papier · crayon

BUT DU JEU

Tenter d'obtenir un total de 21 points ou de s'en approcher, en lançant plusieurs fois le dé.

1. Répartir les pions entre les joueurs.

2. Chaque joueur lance le dé plusieurs fois. À chaque lancer, il note le chiffre obtenu et l'additionne au précédent. Lorsqu'il obtient 21 points ou qu'il estime être le plus près du résultat gagnant, il peut, ou non, choisir de s'arrêter. Le joueur qui dépasse 21 points a perdu et doit mettre un pion dans le pot.

3. Le gagnant reçoit la totalité du pot et touche en plus un pion de chaque joueur. En cas d'égalité, les adversaires lancent une nouvelle fois le dé pour se départager.

ASTUCE

Remplacer les pions par des bonbons rendra le jeu encore plus attractif !

EXPLOSIONS EN SÉRIE

JOUEURS

5 et plus

MATÉRIEL

• 2 ballons de baudruche par joueur • ficelle

BUT DU JEU

Éclater les ballons de ses adversaires… en prenant bien garde aux siens !

1. Attacher un ballon aux chevilles de chaque joueur, avec un morceau de ficelle de 70 cm.

2. Au signal du départ, tous les joueurs se poursuivent pour écraser du pied les ballons de leurs adversaires… chacun protégeant les siens le mieux possible !

3. Le joueur dont les ballons sont détruits est éliminé. Le gagnant est le dernier joueur qui a pu garder ses deux ballons sains et sauf !

AU MARCHÉ DE PADI-PADO

JOUEURS
3 à 10

BUT DU JEU

Identifier l'astuce du jeu pour ne pas se faire piéger. Jeu de lettres ou jeu de sons : les deux sont permis.

1. Sans explication, le meneur demande aux autres joueurs : « Monsieur le curé se rend au marché de Padi-Pado. Qu'en rapporte-t-il ? »

2. Chaque joueur propose tour à tour une denrée.

3. Selon la réponse, le meneur répond soit : « Tu peux, toi aussi, te rendre au marché de Padi-Pado ! », soit : « Désolé, tu ne peux pas te rendre au marché de Padi-Pado ! »

4. Les joueurs tentent leur chance à plusieurs reprises, jusqu'à ce qu'ils aient compris le truc. Toutefois, ils ne doivent pas le révéler.

5. Ceux qui rapporteront de la crème, du blé, du détergent... auront gagné, car les mots employés ne comprennent ni la lettre « i » ni la lettre « o » (pas d'« i », pas d'« o »). En revanche, ceux qui rapporteront du pain, de la lessive, des noix... auront perdu.

Il faut déjà savoir bien écrire pour repérer les lettres « i » ou « o » dans moutarde, raisin ou savon. En cas d'allergie à l'orthographe, on pourra simplement interdire les mots comportant les sons « i » et « o ».

VILLAGE INDIEN

Cette activité est à réaliser avec l'aide d'un adulte.

MATÉRIEL

• piques en bois • fil ou raphia • ruban adhésif • ciseaux • papiers de couleur • carton • fil électrique • colle • petites plumes • pâte à modeler autodurcissante • peinture • pinceau

Tipi

1. Attacher cinq piques en bois avec du fil. Scotcher un morceau de pique d'environ 8 cm entre les autres piques pour consolider le tipi. Laisser un côté ouvert.

2. Avec une feuille de papier assez grande, recouvrir le tipi sur quatre côtés. Prévoir des marges à replier de 1,5 cm et couper le surplus. Scotcher le papier.

3. Orner le tipi en collant des motifs en papier. Reporter son contour sur du papier. Le découper et le coller pour faire le sol.

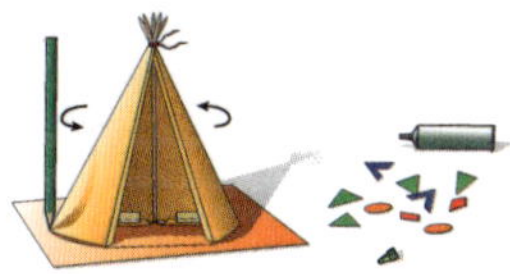

Indiens

1. Découper la tête et le corps dans du carton. Découper le cou, les bras et les jambes dans le fil électrique. Les encoller et les piquer dans le carton. Former les mains.

2. Modeler les pieds en pâte à modeler autodurcissante. Les fixer sur les jambes. Laisser sécher. Coller les plumes et peindre.

90

UNE BALLE POUR DEUX

JOUEURS

Nombre pair : 2 et plus

MATÉRIEL

• balle • craie ou bâton

BUT DU JEU

Attraper la balle le plus vite possible !

1. Former des duos. Tracer une marque d'où partiront tous les joueurs.

2. Un joueur lance la balle, haut et loin. Son coéquipier la laisse rebondir une fois par terre, puis court afin de la rattraper. Quand il la tient, il saute sur place à pieds joints.

3. À l'endroit précis où il a rattrapé la balle, on inscrit au sol ses initiales ainsi que celles de son coéquipier. C'est ensuite le tour de l'autre duo.

4. Le duo dont les initiales sont les plus éloignées remporte la victoire.

BATEAU EN PAPIER

MATÉRIEL

- feuille de papier A4
- feutre · gommettes

1. Poser la feuille devant soi et la plier en quatre : d'abord dans le sens de la longueur (du haut vers le bas), puis dans le sens de la largeur (de la gauche vers la droite). Bien marquer le pli du milieu.

2. Rouvrir la feuille et rabattre les deux coins supérieurs vers le milieu.

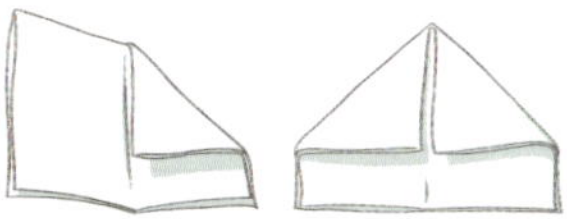

3. Plier la base supérieure de la feuille vers le haut. Retourner la feuille et faire la même chose de l'autre côté. Le pliage ressemble à un petit chapeau.

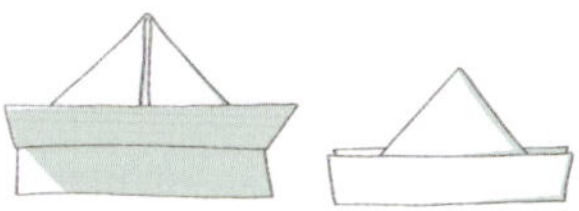

4. Ouvrir le pliage puis le refermer dans l'autre sens pour obtenir un losange.

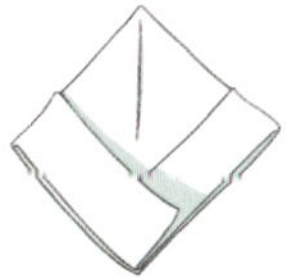

5. Rabattre le coin du bas sur le coin du haut. Puis retourner la feuille et faire pareil de l'autre côté.

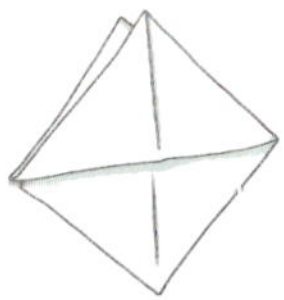

6. Ouvrir le pliage et le refermer dans l'autre sens pour obtenir un autre losange.

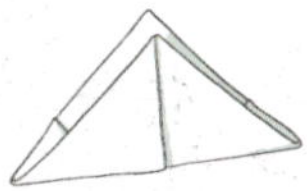

7. Il ne reste plus qu'à déplier le bateau en tirant délicatement sur les deux pointes supérieures, vers la droite et vers la gauche.

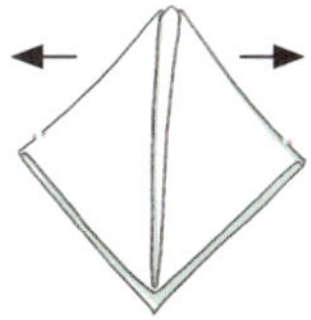

8. Finaliser le bateau en stabilisant sa base avec les doigts, pour qu'il tienne bien droit. Puis le décorer avec de belles couleurs ou des gommettes.

92 LETTRE PAR LETTRE

JOUEURS

Nombre pair :
8 et plus
+ 1 meneur

BUT DU JEU

Deviner le mot qu'un autre joueur écrit dans son dos.

1. Les joueurs se divisent en équipes égales et forment des files parallèles.

2. Le meneur chuchote un mot simple à l'oreille du dernier joueur de chaque file.

3. Sur le dos de celui qui le précède, le joueur écrit, en lettres capitales, le mot avec son doigt.

4. Le mot remonte ainsi la file jusqu'au premier joueur qui le prononce à voix haute.

5. L'équipe gagnante est celle qui est parvenue la première à transmettre le mot exact au premier joueur.

SAMARITAINE

JOUEURS

2 à 15

MATÉRIEL

- papier
- crayons
- dictionnaire

BUT DU JEU

Découvrir qu'un mot peut en cacher un autre.

1. Les joueurs sont assis autour d'une table, une feuille de papier et un crayon à la main.

2. L'un des joueurs ouvre le dictionnaire et choisit un mot au hasard. Éviter les mots courts ou qui comportent des lettres difficiles à placer comme « kiwi » ou « whisky ».

3. Chaque joueur écrit le mot choisi en haut de sa feuille et cherche tous les mots qu'il est possible de créer avec les lettres de celui-ci.

4. En cas de doute, on peut vérifier l'orthographe des mots dans le dictionnaire.

Exemple

Avec le mot « samaritaine », on peut former : tas, tir, train, mari, rime, sarment, marine, samaritain, tamiser, animer, etc.

94 LE SERPENT DE MER

JOUEURS

6 et plus

BUT DU JEU

Essayer d'avancer en se tenant par la main, passée entre les jambes.

1. Les joueurs se placent les uns derrière les autres et forment un cercle.

2. Chacun se penche vers l'avant, jambes tendues et légèrement écartées. Chaque joueur passe la main droite entre ses jambes pour attraper la main gauche de celui qui est derrière lui et tend la main gauche en avant pour saisir la main droite de celui qui le précède.

3. Les joueurs forment ainsi un anneau mouvant qui tourne lentement. Pour ne pas se lâcher ni tomber, ils doivent progresser au même rythme.

4. Puis l'un des joueurs rompt la chaîne en libérant uniquement sa main droite. L'anneau se déroule jusqu'à ce que les joueurs forment une file indienne.

5. Sans lâcher la main du joueur précédent, le dernier de la file se couche sur le sol et les autres joueurs reculent lentement jusqu'à ce que le joueur de tête arrive à la hauteur du joueur étendu. Il peut alors attraper sa main et le relever. Et le serpent se remet à onduler.

PRINCE ET ARCHER

JOUEURS

6 et plus

MATÉRIEL

- corde courte
- planche solide (1,50 m et plus)
- briques

BUT DU JEU

En tirant sur une corde, deux joueurs montés sur une planche tentent de se déséquilibrer.

1. Former deux équipes. L'une choisit son archer, l'autre son prince. Poser la planche sur des briques pour la surélever.

2. Tenant chacun à deux mains une partie de la corde, les deux joueurs montent sur la planche et se tiennent face à face.

3. Chacun tente de faire perdre l'équilibre à l'autre en tirant la corde vers lui, vers l'extérieur, en relâchant brusquement la tension pour surprendre l'adversaire, etc.

4. Si un joueur pose un pied par terre, il est remplacé par un coéquipier et l'adversaire marque 1 point. L'équipe qui obtient 6 points (au moins) a gagné.

96

LE GARDIEN AVEUGLE

JOUEURS

5 à 10

MATÉRIEL

- sifflet
- foulard
- ficelle de 70 cm

BUT DU JEU

Souffler dans le sifflet d'un aveugle, sans se faire prendre !

1. Attacher un sifflet à une longue ficelle. Nouer celle-ci à la taille d'un joueur aux yeux bandés : l'aveugle.

2. Les joueurs doivent, chacun leur tour, essayer de venir siffler en évitant de se faire toucher par le joueur aveugle.

3. Chaque essai réussi rapporte 1 point. Se faire toucher par l'aveugle fait perdre 1 point.

4. Le joueur qui atteint 5 points le premier a gagné.

VARIANTE

Lorsqu'un joueur a été touché par l'aveugle, il s'immobilise. L'aveugle doit alors l'identifier en lui touchant le visage. S'il y parvient, le siffleur devient aveugle.

LA CORDE SIMPLE

JOUEURS

3 à 10

MATÉRIEL

· longue corde

BUT DU JEU

Sauter à l'intérieur d'une corde qui tourne.

1. Deux joueurs tournent la corde, jusqu'à ce qu'ils obtiennent un mouvement.

2. Quand la corde est à son point le plus haut, un joueur entre dans le mouvement. Il saute (à pieds joints, sur une jambe, etc.), puis il sort vite du côté opposé, dès que la corde a fait un tour.

3. Un autre joueur entre immédiatement dans le jeu.

4. Quand on s'est bien exercé, recommencer le jeu avec deux cordes qui tournent en sens inverse (il faut être au moins cinq) !

VARIANTE

Au lieu de tourner la corde, les joueurs l'agitent au ras du sol en cadence de droite à gauche, puis de bas en haut : la corde danse ! Les joueurs sautent par-dessus. S'ils écrasent la corde, ils sont éliminés.

98 M. ET MME MARACAS

MATÉRIEL

- petites bouteilles d'eau vides
- peinture acrylique
- pinceaux (moyen et fin)
- chutes de rubans
- boutons
- chutes de mousse en plaques
- moule à pâtisserie en papier
- riz ou lentilles
- colle universelle
- ciseaux

1. Verser un peu de riz dans les bouteilles. Les peindre de couleur chair. Laisser sécher avant de les refermer.

2. Maintenir les bouteilles verticalement et peindre les cheveux. Peindre aussi le chapeau de madame. Laisser sécher.

3. Coller des boutons pour les yeux, puis des pastilles de mousse pour le nez de monsieur et les pupilles de madame. Dessiner les détails des visages au pinceau fin.

4. Décorer la partie située au-dessus du bouchon en collant des morceaux de rubans et un bouton.

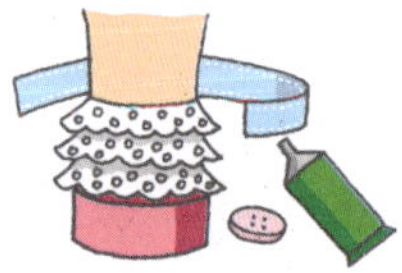

5. Découper la collerette du moule en papier et la peindre. Laisser sécher. La coller à la base du chapeau.

6. Découper une petite fleur dans de la mousse. Coller un bouton par-dessus et coller le tout sur le chapeau.

7. Quand tout est bien sec, secouer énergiquement M. et Mme Maracas et que la fête commence !

99

LA COURSE DES ANIMAUX

JOUEURS

4 à 10

BUT DU JEU

Franchir la ligne d'arrivée le premier, tout en respectant la démarche de l'animal choisi.

1. Chaque joueur choisit un animal et va devoir adopter sa démarche pour la course. Exemple : une oie, un canard, un cheval, un éléphant, etc.

2. Définir une ligne de départ et une ligne d'arrivée. Jouer en plusieurs manches, en éliminant à chaque fois les joueurs les plus lents. Alors, quel est l'animal le plus rapide ?

100

ANAGRAMMES

BUT DU JEU

Se creuser les méninges et trouver les prénoms cachés en réorganisant les lettres des mots.

1. AIMER
2. CIRE
3. LIANE
4. MANOIR

RÉPONSES : 1. Marie - 2. Éric - 3. Aline - 4. Marion.

Ont participé à cet ouvrage :

Auteurs
Brigitte Bellac : 2, 3, 14, 16, 17, 20, 22, 28, 29, 33, 38, 39, 44, 47, 48, 51, 53, 56, 57, 60, 65, 68, 69, 70, 71, 74, 78, 80, 83, 84, 85, 87, 90, 95, 96, 97 ; Sylvie Blondeau : 98 ; Clobulle : 19, 49, 81 ; Catherine Guidicelli : 41, 64 ; Vanessa Lebailly : 89 ; Pierre Lecarme : 1, 7, 8, 10, 13, 18, 21, 23, 25, 26, 34, 36, 42, 47, 52, 54, 59, 62, 66, 75, 79, 86, 88, 92, 93, 94 ; Clémentine Lubin : 45 ; Emmanuelle Petit : 4, 6, 9, 12, 15, 24, 27, 35, 40, 50, 58, 61, 63, 67, 72, 82, 91.

Illustrateurs
Pierre Baltzer : 13, 18, 92 ; Aurélie Blard-Quintard : 4, 6, 9, 12, 24, 27, 40, 50, 61, 67, 72, 82, 91 ; Christophe Boncens : 41, 45, 64, 98 ; Corinne Bongrand : 8, 17, 23, 29, 44, 59, 69, 88 ; Alexandre Bonnefoy : 4, 6, 9, 12, 24, 27, 40, 50, 61, 67, 72, 82, 91 ; Michel Conversin : 94 ; Christine Donnier : 20, 28, 46, 48, 87, 96 ; Caroline Hesnard : 2, 3, 16, 38, 74, 83, 85 ; Cécile Hudrissier : 1, 26, 51, 60, 66, 80, 97 ; Nathalie Lemaire : 21, 75 ; Juliette Levéjac : 22, 35, 39, 71, 95 ; Marie Ligier de Laprade : 58, 63 ; Lisa Mandel : 14, 33, 47, 53, 56, 57, 79 ; Thibaud Rassat : 4, 6, 9, 12, 24, 27, 40, 50, 58, 61, 63, 67, 72, 82, 91 ; Léonie Schlosser : 89 ; Sway (Cécile Lechevalier) : 58, 53 ; Lucile Thibaudier : 4, 6, 9, 12, 24, 27, 40, 50, 61, 67, 72, 82, 91.

Couverture : © Shutterstock

Direction : Guillaume Arnaud, Guillaume Pô
Direction éditoriale : Emmanuelle Braine Bonnaire
Éditrices : Charlotte Walckenaer, Anaïs Rougale
Gestion éditoriale : Béatrix Lot
Relecture : Karine Elsener
Direction artistique : Élisabeth Hébert, assistée de Bleuenn Auffret
Conception graphique : Les PAOistes
Direction de fabrication : Thierry Dubus
Fabrication : Florence Bellot

www.fleuruseditions.com
ISBN : 9782215138198
MDS : 592 748
N° d'édition : J18068

« Loi n° 49-956 du 16 juillet 1949 sur les publications destinées à la jeunesse. »

Achevé d'imprimer en mai 2018 par Toppan Leefung en Chine
Dépôt légal : juin 2018.

FLEURUS